Friedrich Grimm

Familien Häuser

Friedrich Grimm

Familien Häuser

Viel Raum auf wenig Grundfläche

Callwey

Inhalt

Vorwort

In dem Film »Playtime« bringt der französische Filmemacher und Poet Jacques Tati durch den von ihm selbst verkörperten Monsieur Hulot bereits in den 1960er Jahren – mehr mit slapstickartigen Szenen als mit Worten – ein Unbehagen an der modernen Vorstadt mit ihrer stereotypen Architektur zum Ausdruck. Ständig in kleinere und größere Missgeschicke verstrickt, durchwandert Monsieur Hulot wie ein Fremder die Kulissen einer modernen Welt, deren Reglement alle gleichmacht, alles gleichmacht und diese quantitative Gleichheit als Fortschritt im Denken und Handeln feiert. Zwar werden die Wohnmaschinen dieser Zeit heute gesprengt, das städtebauliche Leitbild vom Wohnen in verdichteten Formen wird jedoch immer noch propagiert.

Mit dem Argument eines unangemessenen Flächenverbrauchs wird das Einfamilienhaus von Ökologen und Stadtplanern immer wieder als unzeitgemäß und Ressourcen verschwendend gegeißelt, obwohl es für die meisten Familien die bevorzugte Wohn- und Lebensform darstellt. Eine seit Jahrzehnten praktizierte Politik der künstlichen Baulandverknappung zwingt die Bauwilligen auf kleine Parzellen. Oft hört man das Argument einer versiegelten Landschaft, wobei unter dem Stichwort »Versiegelung« Verkehrs-, Gewerbe- und Wohnflächen in einem Atemzug genannt werden. Hier gilt es jedoch zu differenzieren: Der Begriff »Flächenverbrauch« im Zusammenhang mit Einfamilienhaussiedlungen ist daher auch irreführend. Zunächst kann man feststellen, dass diese Flächen nicht verbraucht, sondern lediglich anders genutzt werden. Eine locker bebaute Einfamilienhaussiedlung weist eine höhere ökologische Qualität auf als die sie umgebenden, meist als Monokultur genutzten Agrarlandschaften. Diese Art von Flächennutzung lässt sich nicht in einen Topf werfen mit der Flächenversiegelung, wie sie etwa die Anlage eines Großflughafens mit sich bringt. Eine Familie, die ein Häuschen im Grünen besitzt und einen Garten anlegt, kultiviert eine Fläche und trägt zu ihrer ökologischen Entfaltung bei.

ÜBER DIESES BUCH

Vor diesem Hintergrund thematisiert der vorliegende Band das individuelle Bauen auf kleiner Grundfläche. Ausgehend von einer überbauten Fläche, die in der Regel 100 Quadratmeter nicht überschreitet, werden 30 beispielhafte Familienhäuser aus Deutschland, Österreich und der Schweiz vorgestellt und erläutert. Bei einigen von ihnen zwingt ein kleines Grundstück zur Begrenzung der überbauten Fläche, während bei anderen Häusern eine freiwillige Beschränkung dem Garten zugute kommt. Bauen auf kleinem Grund bedeutet keineswegs einen Verzicht auf Wohnqualität und Komfort. Ganz im Gegenteil, die dargestellten Häuser entwickeln mit unterschiedlichen Strategien ein Raumprogramm für Familien mit mehreren Kindern. Anders als bei bisherigen Fachbüchern über Einfamilienhäuser kommen in diesem Band auch die Bewohner selbst zu Wort: Zitate der Bauherren, ihrer Kinder sowie der Architekten bereichern die Beschreibungen und geben Aufschluss über den Prozess des Planens und Bauens.

Jedes Gebäude wird mit maßstäblichen Zeichnungen dargestellt: Grundrisse und Schnitte sind in der Regel im Maßstab 1:200 wiedergegeben, wobei 1 Zentimeter im Plan 2 Metern in der Wirklichkeit entspricht. Aus Platzgründen wurde in einigen Fällen der Maßstab 1:250 gewählt.

Die Rubrik »Im Profil« gibt zusammenfassend Auskunft über Grundstücksgröße, Anzahl der Bewohner, Wohn- und Nutzfläche, Bauweise, Baujahr sowie Baukosten und ermöglicht den Vergleich der einzelnen Häuser. Die Baukosten wurden von den Architekten angegeben und beinhalten im Sinne der DIN 276 die reinen Baukosten inklusive Mehrwertsteuer. Nicht enthalten sind Grundstücks-, Erschließungs-, Bauneben- und Finanzierungskosten. Bei einigen Projekten wurden die Baukosten auf Wunsch der Bauherren nicht veröffentlicht.

DANK

Allen Familien und Architekten, die diese Dokumentation ermöglicht haben und durch ihre Beiträge entscheidend zu dem vielgestaltigen und lebensnahen Einblick in ihre Häuser beigetragen haben, gilt mein persönlicher Dank. Dank gebührt auch dem Callwey Verlag für den Mut, ein außergewöhnliches Buch, das nicht nur die Häuser, sondern auch ihre Bewohner vorstellt, realisiert zu haben. Bedanken möchte ich mich last, but not least bei Bettina Hintze für ihr Lektorat.

STUTTGART, AUF DEM KILLESBERG
IM JULI 2005 FRIEDRICH GRIMM

Oben links: Sich beim Klettern an die schrundige Borke eines Baumes zu klammern, in der Erde zu graben, mit Sand und Steinen zu bauen oder gar ein eigenes Baumhaus zu besitzen, all das sind Momente einer glücklichen Kindheit, die für diejenigen, die sie genießen durften, erst im Rückblick ins Bewusstsein gelangen. Digitale Illusionen können niemals das einmalige Erlebnis aus der unmittelbaren Berührung mit der Natur ersetzen. (Projekt S. 84)

Oben rechts: Die sorgfältige Auseinandersetzung mit den Besonderheiten des Grundstücks kennzeichnet das individuell geplante Haus und gewährleistet die stimmige Verknüpfung von Gebäude und Landschaft. (Projekt S. 92)

Einleitung

Unter allen Wohnformen erweist sich das Einfamilienhaus nach wie vor als »Dauerbrenner«: Es hat bis heute nichts von seiner Beliebtheit eingebüßt und steht, wie aktuelle Untersuchungen immer wieder belegen, an erster Stelle der Wohnwünsche. Für fast die Hälfte aller deutschen Landkreise gehen die Experten daher auch von einer steigenden Nachfrage nach dem frei stehenden Einfamilienhaus aus. Und dies, obwohl vielerorts Grundstücks- und Baukosten in den vergangenen Jahren in Relation zum durchschnittlichen Einkommen überproportional gestiegen sind. Die Bandbreite der Preise ist bei diesem Immobilientyp daher auch entsprechend groß: So kostet beispielsweise in der bayerischen Landeshauptstadt München ein Einfamilienhaus im Bestand rund 900.000 Euro, in den westdeutschen Metropolen Stuttgart, Frankfurt, Köln und Düsseldorf hingegen 400.000 bis 500.000 Euro. In einzelnen mittleren Großstädten, wie zum Beispiel Wiesbaden und Heidelberg, liegen die durchschnittlichen Einfamilienhauspreise wiederum mit 700.000 Euro deutlich höher. Aber auch attraktive Standorte im Umland großer Städte weisen ein Preisniveau von über einer halben Million Euro auf. Auf der anderen Seite liegen die Preise in vielen Städten, auch in Großstädten wie Lübeck, Hildesheim, Kassel oder Gelsenkirchen, nicht über 200.000 Euro. Ganz anders zeigt sich die Situation in den neuen Bundesländern: Der Preis für ein frei stehendes Einfamilienhaus in Gera beträgt in der Regel sogar nur 90.000 Euro. Generell spaltet sich also der Immobilienmarkt regional immer weiter auf – während im Osten Einfamilienhäuser billiger werden, stagnieren die Preise in den alten Bundesländern auf hohem Niveau. (Quelle: *Süddeutsche Zeitung* vom 21.05.2004 / LBS, Jahresbericht 2003)

BAULAND ALS KOSTENFAKTOR NUMMER EINS

Für die Neubautätigkeit stellt die Preisentwicklung für Bauland nach wie vor den Engpassfaktor Nummer eins dar: Die Quadratmeterpreise hierfür liegen in west- und süddeutschen Städten in der Regel weit über 200 Euro, in einigen Städten werden mitunter derzeit sogar Preise zwischen 550 und 780 Euro pro Quadratmeter bezahlt. Analog zur Situation im Bestand ist Bauland in vielen strukturschwachen Regionen weit günstiger zu haben. Vor allem im Osten sind Preise unter 100 Euro selbst in Großstädten keine absolute Ausnahme mehr. Gerade für Familien ist diese Entwicklung problematisch: Da erschwingliches Bauland meist nur noch außerhalb der Ballungsräume zu haben ist, werden sie buchstäblich an den Rand gedrängt. Wollen die Kommunen dem Auszug breiter Bevölkerungskreise aus den Städten ins Umland nicht tatenlos zusehen, ist politisches Handeln gefragt. Eine der wichtigsten Maßnahmen zur Wohnungsbaupolitik, die auch konjunkturell wirksam ist, ist die Bereitstellung von mehr preisgünstigem Bauland. Ohne zusätzliche neue Flächen in Anspruch zu nehmen, können im Rahmen des Strukturwandels ehemalige Gewerbe- und Verkehrsflächen rückentwickelt und dem Wohnungsbau zur Verfügung gestellt werden.

Es kommt nicht auf die Fläche an: Selbst auf sehr kleinen und schwierigen Parzellen – wie beispielweise diesem Hanggrundstück in Neuhausen – kann mit geschickter Planung ein geräumiges Haus entstehen. (Projekt S. 88)

INDIVIDUELLE ASPEKTE BEI DER GRUNDSTÜCKSWAHL

Unabhängig von den höchst unterschiedlichen Preisen für Bauland wird eine Familie ihr Baugrundstück nach ganz individuellen Gesichtspunkten auswählen. Dabei spielen die Entfernungen zu Arbeitsplatz, Kindergarten oder Schule, zu Dienstleistungseinrichtungen, Ladengeschäften und Freizeitangeboten eine wichtige Rolle. Für die Wertbeständigkeit und den Wiederverkaufswert ist die Lage, das heißt die Situierung in einem ausgewiesenen Wohngebiet, und eine günstige Orientierung von entscheidender Bedeutung. Dazu kommen Aspekte wie die Anbindung an den öffentlichen Personennahverkehr und das Straßennetz. Besonders im Stadtumland ist die Nähe zu einem S-Bahn-Anschluss von entscheidender Bedeutung, da hier der Vorteil geringerer Erwerbskosten mit dem Nachteil längerer Anfahrtswege aufgewogen werden muss. Gute Luft, Ruhe und die Nähe zur Natur, aber auch zu Freizeit- und Erholungseinrichtungen, sind weitere Kriterien für die Wahl eines geeigneten Grundstücks. Für die Unmöglichkeit, jedem dieser Ansprüche optimal gerecht zu werden, hat Kurt Tucholsky bereits 1927 in der *Berliner Illustrierten Zeitung* folgende Worte gefunden:

»Ja, das möchste:
Eine Villa im Grünen mit großer Terrasse,
vorn die Ostsee, hinten die Friedrichstraße;
mit schöner Aussicht, ländlich-mondän,
vom Badezimmer ist die Zugspitze zu sehn –
aber abends zum Kino hast du's nicht weit.«

DIE SUCHE NACH DEM »RICHTIGEN« ARCHITEKTEN

Ein nächster Schritt wird die Suche nach einem geeigneten Architekten sein. Dieser vertritt als unabhängiger Treuhänder im Laufe der Planungs- und Bauphase die Interessen des Bauherrn. Er stellt sein fachliches Wissen und Können zur Verfügung, um dessen Wünsche und Ideen innerhalb eines gemeinsam festgelegten Qualitäts-, Zeit- und Kostenrahmens zu verwirklichen. Architekt und Bauherr können auf unterschiedliche Weise zusammenfinden, so etwa durch Empfehlungen von Freunden oder Bekannten.

Je konkreter die eigenen Vorstellungen bereits sind, desto leichter wird es sein, den richtigen Architekten zu finden. Bei der gezielten Suche kann auch die Lektüre von aktuellen Publikationen, Büchern oder Fachzeitschriften helfen – sie sind ein reichhaltiger Ideenfundus für potenzielle Bauherren. Auch die Architektenkammern der Länder bieten sich als Anlaufstelle an: Sie prämieren in regelmäßigen Abständen besonders gelungene Häuser und stellen die Ergebnisse dieser Wettbewerbe ins Internet oder veröffentlichen sie in Informationsbroschüren. Viele Architekten haben bereits eine eigene Homepage, auf der sie ihre realisierten Projekte präsentieren, sodass sich der Bauherr ein Bild von der Arbeit des jeweiligen Büros machen und sich weitergehend informieren kann. Auch ein Blick in die Gelben Seiten kann dabei helfen, einen Architekten in der näheren Umgebung zu finden: Sinnvollerweise sollte das Büro nicht weiter als 50 Kilometer vom Bauplatz entfernt sein. (Informationen s. Seite 158)

WAS KOSTET EIN ARCHITEKT?

Architekt ist in Deutschland eine geschützte Berufsbezeichnung – insbesondere freie Architekten sind berechtigt, bei den genehmigenden Behörden Bauvorlagen einzureichen. Die Honorarordnung der Architekten wird vom Gesetzgeber festgelegt und hat somit bindenden Charakter. In der Honorarordnung für Architekten und Ingenieure (HOAI) werden die Leistungen entsprechend dem Planungs- und Bauablauf in insgesamt neun Leistungsphasen aufgegliedert.

Das Honorar richtet sich nach den anfallenden Baukosten. Die verschiedenen Honorarzonen in den Tabellen der HOAI tragen den unterschiedlichen planerischen Schwierigkeitsgraden des zu errichtenden Gebäudes Rechnung. Ein Einfamilienhaus entspricht in der Regel der Honorarzone 3. Bei einem extrem schwierigen Hanggrundstück kann in Ausnahmefällen die Honorarzone 4 in Anrechnung gebracht werden. Das Gesamthonorar des Architekten beträgt etwa 10 Prozent der anrechenbaren Kosten, also der reinen Baukosten. Unter den so genannten reinen Baukosten versteht man die Kosten, die bei der Erstellung des Gebäudes anfallen und die sich in Rohbaukosten und Ausbaukosten trennen lassen.

Die nebenstehende Tabelle zeigt, wie sich die reinen Baukosten, getrennt nach Gewerken zusammensetzen.

REINE BAUKOSTEN IM ÜBERBLICK

Rohbaukosten	
Erdarbeiten	5 %
Maurer- und Betonarbeiten	35 %
Zimmerarbeiten	4 %
Dachdecker- und Klempnerarbeiten	4 %
Summe Rohbaukosten	48 %
Ausbaukosten	
Putzarbeiten	6 %
Estrich-, Bodenbelag-, Werkstein-, Fliesenarbeiten	7 %
Schreiner- und Glaserarbeiten	9 %
Sanitärarbeiten	8 %
Elektroarbeiten	3 %
Heizungsmontage	7 %
Treppenbau	4 %
Maler- und Anstricharbeiten	3 %
Sonstige (z.B. Schlosser u.a.)	5 %
Summe Ausbaukosten	52 %
Summe reine Baukosten	**100 %**

Die Honorierung der Architektenleistung erfolgt entsprechend der einzelnen Leistungsphasen als Teilhonorar oder als Gesamthonorar. Das Aufgabenspektrum teilt sich dabei im Lauf der gesamten Planungs- und Bauzeit in 9 Leistungsphasen auf:

Eine individuelle, auf die Bedürfnisse der einzelnen Bewohner optimal abgestimmte Planung ist die wichtigste Voraussetzung für ein gut funktionierendes Familienhaus. (Projekt S. 104)

Leistungsphasen	Prozentsätze
LP 1 Grundlagenermittlung	3 %
LP 2 Vorplanung	7 %
LP 3 Entwurfsplanung	11 %
LP 4 Genehmigungsplanung	6 %
LP 5 Ausführungsplanung	25 %
LP 6 Vorbereitung der Vergabe	10 %
LP 7 Mitwirkung bei der Vergabe	4 %
LP 8 Objektüberwachung	31 %
LP 9 Objektbetreuung und Dokumentation	3 %
Summe	**100 %**

SCHRITT FÜR SCHRITT ZUM FERTIGEN HAUS

Leistungsphase 1 dient der Grundlagenermittlung – also einer Untersuchung der Lage und der Besonderheiten des Grundstücks mit dem Ziel, den Umfang der Bebaubarkeit festzustellen. Entwurfsskizzen in Phase 2 dienen dazu, anhand alternativer Grundrissvarianten den bestmöglichen Entwurf zu entwickeln. In dieser wichtigen Phase ist eine enge und gute Abstimmung mit dem Bauherrn erforderlich und für beide Seiten hilfreich. In Phase 3 entsteht dann aufgrund der gemeinsam bewerteten Varianten der eigentliche Gebäudeentwurf, der schließlich in Phase 4 als Genehmigungsplanung beziehungsweise Baueingabeplanung den Behörden vorgelegt wird. Das genehmigte Baugesuch ist die Grundlage für die anschließende Werkplanung oder Ausführungsplanung in Phase 5. Diese Zeichnungen beinhalten alle für den Bauablauf notwendigen Angaben. Vor Baubeginn werden jedoch in Phase 6 die Vergabeunterlagen zusammengestellt. So genannte Leistungsverzeichnisse beschreiben die auszuführenden Arbeiten für die am Hausbau beteiligten Gewerke. Die Ausschreibung in Phase 7 dient der Ermittlung des jeweils günstigsten Anbieters für die unterschiedlichen Gewerke. Architekt und Bauherr können gegebenenfalls gemeinsam die Ergebnisse der Ausschreibung auswerten und danach die einzelnen Gewerke beauftragen. Phase 8 betrifft die eigentliche Bauphase. Indem er häufig auf der Baustelle anwesend ist, überwacht der Architekt den Baufortschritt und kontrolliert die Qualität der Ausführung. Der Abschluss der Bauarbeiten wird in Phase 9 durch die Abnahme der einzelnen Baugewerke durch den Architekten festgestellt. In diese Phase fällt auch die Zusammenstellung aller notwendigen Dokumentationsunterlagen, wie zum Beispiel der Wärmeschutznachweis und die fortlaufende Mängelbeseitigung bis zum Ablauf der Gewährleistungszeit.

FAMILIENGERECHTE PLANUNG NACH MASS

Obgleich es Bauherren gibt, die einen guten Architekten einfach machen lassen, hängt eine maßgeschneiderte, individuelle Lösung für ein Familienhaus von einem guten Zusammenspiel zwischen Bauherren und Architekten ab. Wichtig ist dabei, Wünsche und gestalterische Vorstellungen zu formulieren und auszutauschen. Um auf eine Wellenlänge zu kommen, kann man gemeinsam ein gebautes Objekt besichtigen oder

Die Ausbildung eines kompakten Baukörpers ohne Vor- und Rücksprünge und eines einfachen Daches ist eine der Voraussetzungen für das kostengünstige Bauen. (Projekt S. 58)

Häuser, die einem gut gefallen, in Fotos und Grundrissen betrachten. Die Erstellung eines Raumprogramms seitens der Familie erleichtert den Einstieg in erste Entwurfsskizzen. Für eine verbindliche Grundrissgestaltung müssen die Anforderungen an die Wohnflächen und Räume geklärt werden, beispielsweise

- Welche und wie viele Räume benötigt die Familie?
- Wie groß sollen die einzelnen Räume sein?
- Welche Räume sollen davon individuell genutzt werden und welche sind als Treffpunkte für Kommunikation oder gemeinsame Tätigkeiten gedacht?
- Welche Materialien und Farben werden gewünscht?
- Ist eine Unterkellerung unbedingt erforderlich?
- Welche Freibereiche sind erwünscht?
- Wie soll das Grundstück aufgeteilt werden?
- Wird eine Garage oder ein Carport benötigt?
- Wie soll der Garten gestaltet werden?
- Ist der Einsatz erneuerbarer Energien zur Unterstützung der Haustechnik vorgesehen?

Oftmals stößt diese Wunschliste an Grenzen, die durch das vorhandene Baubudget vorgegeben sind. Hier ist es die Aufgabe des Architekten, bezahlbare Lösungen darzustellen und im Rahmen der gegebenen Möglichkeiten einen optimalen Entwurf zu entwickeln.

KOSTEN SPAREN MIT KONZEPT

Hausform, Konstruktion und Ausstattung haben einen wesentlichen Einfluss auf die Baukosten. Konstruktiv einfache Lösungen, wie beispielsweise die Begrenzung der Deckenspannweiten auf maximal 5,50 Meter, der Verzicht auf Abgrabungen, Unterfangungen und Auskragungen sowie ein klarer und möglichst gut geordneter Grundriss sind Maßnahmen zur Kostensenkung. Kostengünstige Häuser haben meistens einen einfachen Baukörper ohne Vor- und Rücksprünge in der Fassade sowie ohne Dachaufsätze und -einschnitte. Abgesehen vom konstruktiven Aufwand verursachen derartige Extras auch zusätzliche Kosten bei der Wärmedämmung und steigern den Heizenergieverbrauch. Zusatzbauteile, wie ein geschützter Freisitz, ein Balkon oder ein Wintergarten können als vom Baukörper getrennte, konstruktiv und wärmetechnisch unabhängige Elemente gebaut werden. Abgesehen von diesen entwurflichen Aspekten hängen die Baukosten wesentlich auch von der Bauweise ab: Häuser, die in handwerklicher Arbeit auf dem Bauplatz aus vielen kleinformatigen Bauelementen gefügt werden, sind deutlich teurer als Häuser, deren Komponenten aus wenigen großformatigen Fertigteilen bestehen, die auf der Baustelle schnell zusammengefügt werden können. Eine weitere Möglichkeit zur Baukostenreduzierung besteht für den Bauherrn darin, selbst mit Hand anzulegen. Grundsätzlich gilt dies für alle Gewerke, meist werden sich die Eigenleistungen aber auf den Innenausbau, die Dachdeckung, die Fassadenbekleidung oder die Gartengestaltung beschränken.

Der Garten rings ums Haus ist ein besonderer Vorzug des frei stehenden Einfamilienhauses. Eine Kiesfläche mit eiszeitlichem Findling schafft bei diesem Beispiel aus dem Chiemgau eine Übergangszone zur Straße. (Projekt S. 114)

WOHNIDEEN FÜR FAMILIEN ODER: WIE MAN AUS DER RAUMNOT EINE TUGEND MACHT

Wer beim Hausbau mit wenig Grundfläche auskommt, hat mehrere Vorteile auf seiner Seite. Selbst extrem kleine Grundstücke mit einer Fläche von beispielsweise nur 250 Quadratmetern eignen sich unter Umständen bereits als Bauplatz für ein Familienhaus. Zu dem günstigen Kaufpreis kommt der Vorteil geringerer Erschließungskosten. Als Restflächen in bestehenden Siedlungen oder als Hanggrundstücke, deren Bebauung als schwierig oder gar unmöglich erachtet wird, findet man oft kleine Grundstücke, die links liegen geblieben und deshalb relativ preiswert zu haben sind. Bereits bebaute Grundstücke in Wohngebieten, die eine Nachverdichtung erlauben, lassen sich teilen, sodass auf diese Weise ebenfalls attraktives Bauland gewonnen werden kann. Häuser auf kleiner Grundfläche sind kompakt: Sie zeichnen sich durch ein günstiges Verhältnis zwischen Hüllfläche und Volumen aus und sind deshalb besonders wirtschaftlich. Dies wirkt sich gleichermaßen auf die Baukosten, die Energiekosten und die Unterhaltskosten aus. Selbst dann, wenn das Grundstück größer ist, bleiben die genannten Vorteile des Bauens auf kleiner Grundfläche erhalten. In diesem Fall führt die kompakte Bauweise zu einer vergleichsweise geringen Versiegelung des Grundstücks, wobei viel Raum für einen Garten bleibt. Die folgende Zusammenstellung unterschiedlicher Wohnideen für kompakte Familienhäuser bietet einen Einblick in das Spektrum der Möglichkeiten, familiengerecht und wirtschaftlich zu bauen.

Der Garten rings ums Haus

Der große Vorzug eines frei stehenden Einfamilienhauses ist ein rund ums Haus gehender Garten. Kein Stückchen Erde ist zu klein, als dass man darauf nicht etwas pflanzen könnte. Während sich das Grün in einer Wohnung auf Blumentöpfe, Pflanztröge und Blumenfenster beschränkt, bietet das Einfamilienhaus den Vorzug einer echten und differenzierten Freifläche. Die Tatsache, dass sich der Garten rings ums Haus erstreckt, erfordert je nach Himmelsrichtung eine unterschiedliche Bepflanzung und Gestaltung. Das Gärtnern selbst ist für viele eine der schönsten Freizeitbeschäftigungen, weil sich die investierte Arbeit im Blühen und Gedeihen der Pflanzen widerspiegelt. Auch – oder gerade – bei kleiner Grundfläche empfiehlt es sich, für die Anlage eines Gartens, der das Haus ideal ergänzt, einen Gartenarchitekten oder Landschaftsbauer einzuschalten. Ein schöner Garten erhöht den Wohnwert des Hauses und kommt allen Familienmitgliedern zugute. Für Pflege und Unterhalt benötigt man Geräte, die am besten in einem Schuppen aufbewahrt werden, sowie einen Wasseranschluss vor und hinter dem Haus.

Um Distanz zur Straße zu schaffen und eine halb öffentliche Vorzone zum Haus anzulegen, eignet sich zum Beispiel ein befestigter Hof oder ein überdachter Carport. Auf diese Weise wird sichergestellt, dass die Wohnräume nicht unmittelbar an die Straße angrenzen. Kinder schätzen solche Bereiche sehr, weil viele Spiele einen festen Untergrund benötigen.

Ein einladender Eingang

»Man fällt nicht mit der Tür ins Haus!« Dieser sprichwörtliche Ratschlag gilt auch für das Familienhaus. Ein Wind- und Regenschutz vor der Eingangstüre ist ein ebenso wichtiges Komfortmerkmal wie ein kleiner Empfangsraum hinter dem Hauseingang. Gerade bei offenen Grundrissen ist es notwendig, die Privatsphäre in den Wohnräumen sicherzustellen. Ein gut gestaltetes Entree schafft einen Vorraum mit Nebenfunktionen wie Empfang, Garderobe und Nasszelle. Tageslicht und die Möglichkeit einer guten Orientierung sind hier ebenso wichtig wie eine – zumindest optische – Barriere zu den Privaträumen. Auch der Zugang zur Haustüre kann vielfältig gestaltet werden: Empfehlenswert ist in jedem Fall ein gestufter Übergang vom öffentlichen Straßenraum über eine halb öffentliche Vorzone, beispielsweise mit Hof oder Carport, in den privaten Bezirk des Hauses mit Garten und Eingang. Steht der Platz dafür nicht zur Verfügung, kann der Eingang etwa auch durch ein Eingangspodest und ein Vordach hervorgehoben werden.

Wohn-/Essbereich mit offener Küche

Bei einem Haus mit kleiner Grundfläche entsteht ein großzügiger Raum dadurch, dass Küche, Essplatz und Wohnbereich als Einheit zusammengefasst werden. Der Herd als eigentlicher Mittelpunkt des Hauses rückt wieder, seiner ursprünglichen Bedeutung entsprechend, ins Blickfeld der Familie. Die Zubereitung und Einnahme gemeinsamer Mahlzeiten spielt im Familienleben eine wichtige Rolle. Es ist deshalb nur folgerichtig, dass die Küchenarbeit nicht nur in räumlicher Nähe zum Esstisch sondern auch in räumlicher Einheit mit Ess- und Wohnraum stattfindet. Längst ist der Herd nicht mehr ein ruß- und fettgeschwärztes Monstrum, sondern ein ansehnliches Hightechgerät. Moderne Küchentechnik erlaubt die Integration einer offenen Küche in den Wohnraum ohne unerwünschte Nebeneffekte. So kann zum Beispiel die Küche wie eine Insel frei im Raum stehen, sodass es möglich ist, fast die gesamte Grundrissfläche zu überblicken. Dabei gibt es zahlreiche planerische und gestalterische Möglichkeiten, die unterschiedlichen Bereiche zu differenzieren: Beispielsweise durch den Einbau von Falt- und Schiebewänden zwischen Küche und Essplatz, oder durch einen leichten Niveauunterschied zwischen Küche, Essplatz und dem eigentlichen Wohnraum. Der Eindruck von Großzügigkeit und Offenheit kann durch die Ausbildung eines Luftraums, etwa als erweitertes Treppenauge oder als Galerie über dem Essplatz, noch verstärkt werden.

Oben links: Die Loggia dient als Witterungsschutz für den Eingangsbereich. (Projekt S. 120)

Oben Mitte und rechts: Durch die Zusammenfassung von Küche, Ess- und Wohnbereich entsteht ein großzügiger Aufenthaltsraum für die ganze Familie. (Projekte S. 152 und 54)

Die Terrasse als erweitertes Wohnzimmer

Eine große Terrasse stellt eine vielfältig nutzbare Erweiterung des Wohnraums ins Freie dar. Idealerweise ist sie nach Süden orientiert und über deckenhohe, öffenbare Fensterelemente mit dem Wohn- oder Essraum verbunden. Sobald das Wetter es zulässt, kann man sich im Freien aufhalten und den bequemen Sessel mit einem Gartenstuhl oder einer Liege tauschen. Sonnenschutzmaßnahmen und eine geeignete Bepflanzung, die Einblicke verhindert, erhöhen die Aufenthaltsqualität und die Nutzungsdauer der Terrasse als Wohnraum unter freiem Himmel. Ein solcher Freisitz kann nie groß genug sein. Bei der Gestaltung sollte man berücksichtigen, dass Steinbeläge entweder einen aufwändigen, massiven Unterbau oder ein frostsicheres Bett aus Sand und Kies mit Dränage benötigen, während ein Holzdeck mit untergesetzten Trägern lediglich auf punktförmige Fundamente gestellt werden kann.

Ein separater Elternbereich

Für Eltern ist es angenehm, sich in einen eigenen Bereich zurückziehen zu können. Das Schlafzimmer mit räumlich integrierter Ankleide, wenn möglich auch mit einem separaten Bad, bildet eine Raumgruppe, durch die der Elternbereich von den Kinderzimmern abgetrennt werden kann. Im Vergleich zu einem Kleiderschrank bietet eine Ankleide wesentlich mehr Stauraum und entlastet die Schlafzone. Bei Häusern auf sehr kleiner Grundfläche ist es auch möglich, ein eigenes Elterngeschoss sowie ein Kindergeschoss auszubilden. In Kombination mit einem Arbeitsbereich kann innerhalb des Hauses eine private Rückzugszone für die Eltern gestaltet werden.

Kinderzimmer mit Pfiff

Kinder lieben es, ein eigenes Reich zu haben. Ein Bett, Schreibtisch, Stuhl und Kleiderschrank machen noch lange kein Kinderzimmer aus. Kinder brauchen nicht nur Stauraum für allerlei Spielsachen – auch Flächen zum Spielen und Herumtollen sind wichtig. Ideen, wie etwa eine Wand als Tafel, eine Empore im Spitzgiebel oder ein Spielflur sind Beispiele für den Einfallsreichtum von Bauherren und Architekten, um den Kindern Nischen und Freiräume zu schaffen, in denen sie beim Spielen ganz für sich sein können. Für kleine Kinder gehört dazu auch ein Spielangebot im Freien, beispielsweise mit Sandkasten und Schaukel. Ideal ist hier ein geschützter Gartenbereich, wo die Kinder auch unbeaufsichtigt bleiben dürfen und mit der Natur in Berührung kommen.

Oben links: Ein Sitzplatz erweitert den Wohnraum ins Freie. (Projekt S. 120)

Oben Mitte: Eine Brücke führt zum separaten Elternbereich im Obergeschoss. (Projekt S. 44)

Oben rechts: Das Kinderzimmer wird über den Glasgiebel zusätzlich belichtet. (Projekt S. 114)

Bad als Wellness-Bereich

Längst hat das Bad seinen sterilen, ausschließlich der Hygiene verpflichteten Charakter verloren und sich zu einer Oase der Erholung im Haus entwickelt. Edle Materialien wie Holz, Stein und Glas halten Einzug in die Badezimmer und tragen, zusammen mit formschönen Becken und Armaturen, zu einem neuen Verständnis dieser Funktionsräume bei. Seiner gewachsenen Bedeutung entsprechend sollte ein Bad mit Tageslicht versorgt werden. Für eine mehrköpfige Familie empfiehlt sich der Einbau mehrerer Bäder. Ideal ist ein eigener Badbereich, jeweils für Eltern und Kinder getrennt in unmittelbarer Nähe der Schlafräume. Das reichhaltige Angebot an Sanitärgegenständen, Armaturen und Badmöbeln unterschiedlicher Hersteller ermöglicht es, auch bei beengter Grundfläche die Badezimmer den individuellen Bedürfnissen entsprechend einzurichten.

Das geschossübergreifende Raumerlebnis

Blickbeziehungen zwischen einzelnen Geschossen lassen sich neben dem Treppenraum auch durch Atrien und Galerien herstellen. Sie schaffen im Inneren einen Eindruck von Transparenz und Offenheit, der dem Raumerlebnis in allen angrenzenden Wohnbereichen zugute kommt. Kombiniert man geschossübergreifende Öffnungen mit einer gezielten Lichtführung, dringt das Tageslicht bis in die Mitte des Hauses vor und erhöht die Wohnqualität. Kinder können über Galerie und Atrium zudem immer in Sicht- und Hörweite der Eltern sein.

Funktionstrennung durch Stapelung

Erlaubt der Bebauungsplan eine mehrgeschossige Bauweise, kann auf kleiner Grundfläche das Raumprogramm eines Einfamilienhauses so entwickelt werden, dass für die unterschiedlichen Raumeinheiten jeweils ein Geschoss zur Verfügung steht: Beispielsweise eine gemeinsame Wohnebene im Erdgeschoss, ein separates Kindergeschoss und eine eigene Ebene für den Elternbereich. Diese Art der Funktionstrennung kommt mit einem Minimum an inneren Raumabteilungen aus und ist deshalb wirtschaftlich. Eine gut und offen gestaltete Treppe kann in den jeweiligen Bereich mit einbezogen werden und weitere Funktionen übernehmen, etwa mit einem in den Treppenraum integrierten Regal zusätzliche Stauflächen bieten oder den Spielbereich der Kinder erweitern. Als durchgehende vertikale Öffnung im Haus dient der Treppenraum auch der Belichtung und Belüftung der einzelnen Geschosse.

Oben links: Farb- und Materialkontraste sowie eine formschöne Wanne machen das Bad zum wohnlichen Refugium. (Projekt S. 24)

Oben Mitte: Durch die zweigeschossige Öffnung des Baukörpers wird die obere Ebene in den Wohnbereich mit einbezogen. (Projekt S. 40)

Oben rechts: Das in den Treppenraum integrierte Regal spart Platz. (Projekt S. 152)

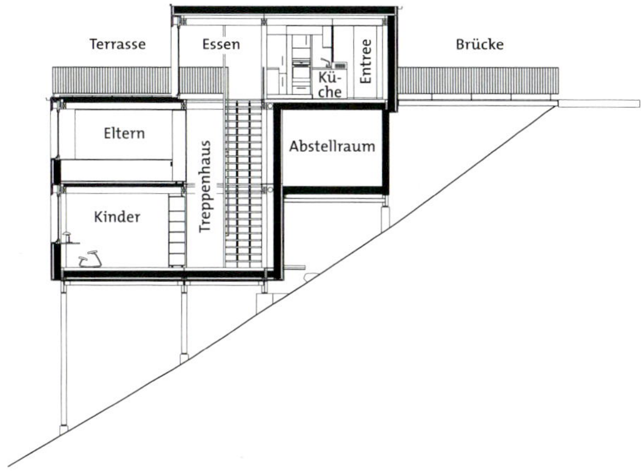

Raum bis unter den Dachfirst

Im Obergeschoss können die Wohnräume bis unter den Dachfirst reichen, wenn man auf einen Dachboden verzichtet. Einen großzügigen Eindruck erreicht man beispielsweise dadurch, indem man die Trennwände nicht bis unter das Dach führt. Ein steiles Satteldach bietet die Möglichkeit, eine Galerieebene einzuziehen, die als zusätzlicher Spielbereich für die Kinderzimmer oder aber auch als Arbeits- und Aufenthaltsraum genutzt werden kann. So wird auch bei kleinen Individualräumen im Obergeschoss der Eindruck eines zusammenhängenden Großraums erreicht. Dachflächenfenster erhöhen die Wohnqualität im Dachgeschoss, indem der reizvolle Ausblick in das Wohnerlebnis mit einbezogen wird.

Das Haus als erweiterbares Bausystem

Gerade Familienhäuser sollten auf unterschiedliche Ansprüche und Lebenssituationen flexibel reagieren können. Den dynamischen Veränderungen in einer Familie – mit einem gestiegenen Raumbedarf nach der Geburt der Kinder und einem schrumpfenden Raumbedarf nach ihrem Auszug – wird ein Haus am besten gerecht, das sich erweitern und abtrennen lässt. Es leuchtet ein, dass damit große Aufwendungen und Unannehmlichkeiten während der Umbauphase verbunden sind. Entscheidet man sich jedoch für ein Bausystem, bei dem das Haus aus modularen, vorgefertigten Elementen besteht, die auf der Baustelle durch lösbare Verbindungen untereinander gefügt werden, ist ein derartiger Umbau schon eher vorstellbar. Ein ideales System für das wachsende Haus ist beispielsweise der Skelettbau mit einer systematischen Trennung von Tragwerk und Hülle. Die im Grundriss punktförmig angeordneten Stützen benötigen auch nur punktförmige Fundamente, sodass der Aufwand für die Gründung bei einer eventuellen Erweiterung überschaubar bleibt. Durch die modulare Ordnung können die Fassadenelemente einfach ausgehängt und im Erweiterungstrakt wieder eingebaut werden.

Die Einliegerwohnung

Ein Familienhaus mit Einliegerwohnung bietet von Anfang an eine flexible Struktur, um auf wechselnde Familiensituationen reagieren zu können. Neben der Möglichkeit der Fremdvermietung können hier jederzeit auch Familienmitglieder in einer besonderen Lebensphase, etwa Ausbildung oder Studium, aber auch im Alter einziehen. Wird im Haus Hilfe durch Außenstehende benötigt, sei es zur Unterstützung im Haushalt oder für die Pflege eines Familienmitglieds, liegt der besondere Vorteil der Einliegerwohnung darin, eine Hilfskraft in unmittelbarer Nähe zu haben. Um Kosten zu sparen, kann die Wohnung sukzessive aus- und fertiggebaut werden.

Oben links: Die Empore unter dem Dachfirst erweitert den Spielbereich. (Projekt S. 120)

Oben rechts: Dieses aus vorgefertigten Elementen aufgebaute Haus kann sogar den Steilhang bezwingen. (Projekt S. 152)

Flexibilität im Inneren

Ein mit der Familie mitwachsendes Haus ist eine gute Idee, lässt sich aber nur in den wenigsten Fällen realisieren. Eine einfachere Möglichkeit, um dem sich ändernden Raumbedarf der Familie gerecht zu werden, ist die Flexibilität im Inneren. Bei Häusern auf kleiner Grundfläche ist es kein Problem, die Decken von Außenwand zu Außenwand, also ohne Zwischenunterstützung zu spannen. Alle Wände zur Raumunterteilung im Inneren können dann als leichte Trennwände ausgebildet werden, sodass die Aufteilung ohne großen Aufwand verändert werden kann. Bei dieser Methode können Wände nachträglich eingezogen oder wieder entfernt werden. Schiebewände ermöglichen es zudem von vornherein, die Raumaufteilung stets neu zu verändern. Räumliche Reserven im Unter- oder im Dachgeschoss sind eine weitere Methode, um auf wechselnde Anforderungen reagieren zu können. Die Vorhaltung sanitärer und haustechnischer Anschlüsse auf jedem Geschoss, am besten an einem durchgehenden vertikalen Strang, ermöglicht den späteren Ausbau des Dach- oder Untergeschosses ohne großen Aufwand.

Ausgelagerte Stauräume

Gerade bei kleiner Grundfläche ist es sinnvoll, Stauräume, die sonst im Unter- oder Dachgeschoss untergebracht werden, aus dem Haus auszulagern, sodass das gesamte Raumvolumen für das Wohnen zur Verfügung steht: Fahrräder, Gartengeräte, nicht benötigte Möbelstücke, ja sogar eine kleine Werkstatt kann man auch in einem Schuppen oder separaten oberirdischen Geräteraum unterbringen. Der Vorteil besteht darin, dass ein derartiger Raum auch außerhalb des Baufensters beispielsweise zusammen mit dem Carport an der Grundstücksgrenze angeordnet werden kann.

Raumreserven in Souterrain und Kniestock

Um die meist durch den Bebauungsplan vorgegebene Firsthöhe vollständig auszunutzen, kann man entweder das Untergeschoss über Geländeniveau anheben oder im Dachgeschoss einen so genannten Kniestock ausbilden. Ein Souterraingeschoss mit Tagesbelichtung kann bei Grundstücken in Hanglage teilweise sogar als Vollgeschoss genutzt werden. Gästezimmer, Hobbyräume oder aber auch Hauswirtschaftsräume, die im Untergeschoss angeordnet werden, können durch die Tagesbelichtung aufgewertet werden. Treppenstufen, die zur Eingangsebene des Hauses führen, eignen sich sehr gut für die Gestaltung eines einladend wirkenden Zugangsbereichs. Eine Bodenwelle oder Mulde in Zusammenhang mit der Gartengestaltung stellt ebenfalls eine Möglichkeit dar, das Untergeschoss zumindest teilweise mit Tageslicht zu versorgen. Ein Kniestock im Dachgeschoss dagegen erweitert das

Oben links: Deckenhohe Schiebewände sorgen für fließende Raumübergänge. (Projekt S. 140)

Oben rechts: Souterrain und Kniestock sind zusätzliche Raumreserven. (Projekt S. 44)

Raumangebot, indem der Dachstuhl nicht unmittelbar auf die oberste Decke, sondern auf einen mehr oder weniger hohen Sockel, den so genannten Kniestock, aufgesetzt wird. Die nutzbare Fläche im Dachgeschoss wird dadurch wesentlich erhöht.

Veranda, Loggia und Balkon

Besonders vorteilhaft auf der Süd- und Westseite erweitern Balkone den Wohnraum ins Freie, ohne dabei den Aufenthaltsbereich im Garten zu beschneiden. Gegebenenfalls können sie sich über die gesamte Länge der Fassade erstrecken und dienen gleichzeitig als Sonnenschutz und Vordach. Eine Loggia dagegen ist in den Baukörper eingeschnitten, definiert einen geschützten Freibereich und versorgt die umliegenden Räume mit Licht und Luft. Unter einer Veranda versteht man einen teilweise umhüllten, also witterungsgeschützten Vorbau, der von Frühling bis Herbst genutzt werden kann. Nach der Landesbauordnung zählen Terrassen und Balkone mit je einem Viertel ihrer Grundfläche zur Wohnfläche dazu. Besonders vorteilhaft ist eine Kombination dieser Freibereiche, die die einzelnen Familienmitglieder je nach Wunsch gemeinsam oder individuell nutzen können.

Die Dachterrasse

Als wahrer Luxus erweist sich eine Dachterrasse. Ohne spezifische Funktion eignet sie sich als Sonnendeck, als luftiger Essplatz und Versammlungsraum oder ganz einfach nur, um Luft zu schnappen und den Blick in die Ferne schweifen zu lassen. Fast wie bei einem Cabriolet kann auch das Dach des Hauses ein ganz besonderes Freiluft-Erlebnis bieten.

ENERGIEEFFIZIENZ DURCH MODERNE HAUSTECHNIK

Bei der Planung eines Hauses ist neben den Raumprogramm eine Vielzahl anderer Aspekte zu berücksichtigen. Gerade die Aufwendungen für Betrieb und Unterhalt stellen einen wichtigen Faktor für die Wirtschaftlichkeit dar: Stetig steigende Energiekosten und die Notwendigkeit, natürliche Ressourcen zu schonen, erfordern daher den Einsatz eines optimalen Heizungssystems. Neben fossilen Brennstoffen wie Heizöl und Erdgas stehen heute auch erneuerbare Energiequellen wie Sonnenenergie, Holz oder Erdwärme zur Verfügung. Unabhängig vom Energieträger muss ein zeitgemäßes Heizungssystem folgende Vorgaben erfüllen:

- bestmöglicher Wohn- und Wärmekomfort,
- geringe Brennstoff- und Betriebskosten durch sparsamen Energieverbrauch,
- möglichst geringe Schadstoffemissionen.

Oben links: Die eingezogene Loggia stellt Blickbeziehungen von allen Geschossen zum Garten mit Freisitz her. (Projekt S. 104)

Oben rechts: Die holzgedeckte Dachterrasse ist ein uneinsehbares Refugium. (Projekt S. 36)

Richtig gemütlich wirkt dieser Wohnraum, in dem ein holzbefeuerter Kachelofen für angenehme Wärme sorgt. (Projekt S. 100)

Fossile Brennstoffe

Mit moderner Brennwerttechnik kann der Nutzungsgrad von Heizöl auf bis zu 94 Prozent gesteigert werden. Alte Heizkessel konnten nur etwa 65 Prozent der im Öl enthaltenen Energie nutzen, die Schadstoffemission war entsprechend hoch. Ein moderner Heizöl-Brennwertkessel für schwefelarmes Heizöl zeichnet sich durch eine sehr geringe Schadstoffemission aus und schaltet ab, wenn keine Wärme mehr benötigt wird. Gas-Brennwertgeräte sind äußerst effektiv: Sie kühlen die Abgase so weit ab, dass die im Wasserdampf enthaltene Wärme durch Kondensation zusätzlich genutzt wird.

Erneuerbare Energien

Holz: Holzbefeuerte Kessel zur Erzeugung von Wärme und Warmwasser können mit Scheitholz oder Holzpellets betrieben werden. Pellets sind 3 Zentimeter lange Presslinge aus rückstandsfreien Sägespänen, die CO_2-neutral verbrennen. Sie lassen sich einfach lagern und werden automatisch der Heizanlage zugeführt. Auch Holz, das im offenen Kamin verbrennt, setzt exakt die Menge CO_2 frei, die der Baum während seines Wachstums der Atmosphäre entnommen hat. Vielerorts kann man Holz heute selbst einschlagen und sich ofenfertig anliefern lassen. Die Abgaswerte einer Holzheizung stehen denen einer guten Gasheizung in nichts nach.
Solarthermie und Fotovoltaik: Sonnenenergie steht ganzjährig zur Verfügung. Sie strahlt jährlich 15.000-mal mehr Energie zur Erde, als wir verbrauchen. Neue Solarwärmesysteme arbeiten effektiv, übernehmen im Sommer fast die komplette Trinkwassererwärmung und können bis weit in die Übergangsjahreszeiten auch die Heizung unterstützen. So kann eine zusätzliche Heizung durch Öl oder Erdgas immer weiter reduziert werden. Ein Sonnenkollektor zur Brauchwassererwärmung wandelt einfallendes Sonnenlicht in Wärme um. 1 Quadratmeter Kollektorfläche liefert warmes Duschwasser für eine Person etwa für ein halbes Jahr. Solarzellen wandeln das Sonnenlicht in elektrische Energie, die im Haus selbst verbraucht oder aber auch in das lokale Stromnetz eingespeist werden kann. Solarzellen werden in so genannten Modulen zusammengefasst und können auf jedem Dach montiert, aber auch in die Hausfassade integriert werden.
Geothermie: Erdwärme dringt aus dem 5.000 Grad heißen, schmelzflüssigen Kern der Erde an die Erdoberfläche. Je tiefer man in die Erdkruste vordringt, umso wärmer wird es. Die Temperatur nimmt um 3 Grad je 100 Meter Tiefe zu. Diese unerschöpfliche Wärmequelle kann angezapft werden. Häufig genügen auch oberflächennahe Wärmetauscher zur Energiegewinnung über eine Wärmepumpe.

Gesunde Raumluft

Gute Luftqualität im Haus ist besonders wichtig für das Wohlbefinden. Nur bei extensiver Fensterlüftung kann die erforderliche Luftwechselrate – ein kompletter Luftaustausch der im Haus eingeschlossenen Luft alle zwei Stunden – erreicht werden. Durch Lüftung geht im Winter wertvolle Heizenergie verloren, nur eine hochwertige Lüftungsanlage kann Frischluftzufuhr und Wirtschaftlichkeit miteinander verbinden.

Bei diesem Wohnhaus in Kaufbeuren wurden die Solarkollektoren in die Dachfläche integriert – eine Gewinn bringende Verbindung, die auch gestalterisch überzeugt. (Projekt S. 108)

BAUFINANZIERUNG – INDIVIDUELL ABGESTIMMT

Erst, nachdem die Finanzierung geklärt ist, kann gebaut werden. Nur wenige Bauherren können den Hausbau ausschließlich aus eigenen Mitteln bestreiten. Alle anderen benötigen neben Eigenkapital zusätzliche Mittel wie Bauspardarlehen und Hypotheken. Aufgrund unterschiedlicher Voraussetzungen benötigt jeder Bauherr eine maßgeschneiderte Finanzierung. Sie soll die monatliche Belastung im Rahmen halten und dem persönlichen Leistungsvermögen angepasst sein.

Das Drei-Säulen-Prinzip: Grundsätzlich ruht eine Baufinanzierung auf drei Säulen: dem Eigenkapital, das etwa 20–25 Prozent des zu finanzierenden Betrages ausmachen sollte, einem Bauspardarlehen (30 Prozent) und einer Hypothek (40–50 Prozent). Bauspardarlehen haben den Vorteil, dass ein relativ niedriger Zinssatz bis zum Tilgungsende festgelegt ist. Bausparen wird über die Wohnungsbauprämie staatlich gefördert. Die dritte Säule, die Hypothek, ist ein so genanntes Annuitätendarlehen. Die Zinsen werden hier in festen monatlichen Raten gezahlt. Wichtig ist, dass der monatliche Aufwand dauerhaft tragbar bleibt. Eine Faustregel für die Finanzierung besagt, dass der Aufwand für die Abzahlung von Hypotheken- und Bauspardarlehen ein Drittel des monatlich verfügbaren Einkommens nicht überschreiten sollte. Zur Belastung zählen auch die Bewirtschaftungskosten des neuen Hauses sowie kommunale Abgaben für Wasser, Strom und Heizung und die Grundsteuern. Eine stille Reserve von etwa 10 Prozent der Baukosten ist dafür gedacht, unvorhergesehene Mehrausgaben abzusichern.

Sicher ist sicher: Spezielle Versicherungen schützen während der Bauphase vor Verlusten und sollten daher im Kostenplan berücksichtigt werden. Banken verlangen meist schon bei Kreditvergabe den Abschluss einer Wohngebäudeversicherung. Empfehlenswert ist unter anderem auch eine Bauherren-Haftpflichtversicherung, da der Bauherr für alle Sach- und Personenschäden auf der Baustelle verantwortlich ist und die private Haftpflichtversicherung nicht für alle Schäden aufkommt.

Förderprogramme für Bauherren

Die Eigenheimzulage ist die wichtigste Förderung für alle, die ein Haus bauen wollen. Ihre Fortführung ist jedoch aus haushaltspolitischen Gründen unsicher. Sie setzt sich bisher (Stand: Juli 2005) zusammen aus der Grundförderung und der Kinderzulage. Die Grundförderung beträgt 1 Prozent der Herstellungskosten, maximal jedoch 1.250 Euro im Jahr. Zusätzlich erhalten Familien pro Jahr und Kind 800 Euro. Eine Familie mit zwei Kindern bekommt jährlich 2.850 Euro vom Finanzamt über den gesamten Förderzeitraum von 8 Jahren, insgesamt also 22.800 Euro. Staatliche Beihilfen für gering Verdienende sollen zudem kinderreichen und einkommensschwächeren Familien den Erwerb von Wohneigentum erleichtern. Darüber hinaus bietet die öffentliche Hand über diverse Förderprogramme finanzielle Anreize zum ökologischen Bauen, beispielsweise indem sie den Einsatz regenerativer Energien oder Maßnahmen zur CO_2-Minderung gezielt unterstützt (weitere Informationen s. Seite 158).

Die untenstehende Checkliste gibt einen zusammenfassenden Überblick über die mit dem Bau verbundenen Kosten.

ÜBERSICHT ÜBER KOSTENPOSITIONEN

	Kostenplan	Kosten	
I	**Kosten der Baufinanzierung**	kalkuliert	endgültig
1	**Baugrundstück**		
1.1	**Kaufpreis** gemäß notariellem Kaufvertrag	Euro	Euro
1.2	**Erwerbskosten** Grundbuchamts- und Notargebühren, Grunderwerbsteuer, Maklerprovision, Vermessungskosten u.a.	Euro	Euro
1.3	**Erschließungskosten** Erschließungskosten oder Anliegerbeiträge, Kosten der (Haus-)Anschlüsse an das Versorgungsnetz (Kanal, Wasser, Strom, Gas, Fernwärme, Telefon u.a.)	Euro	Euro
1.4	**Kosten der Baufreimachung**	Euro	Euro
1.5	**Sonstiges**	Euro	Euro
2	**Reine Baukosten** Haupt- und Nebengebäude (Garage etc.)	Euro	Euro
3	**Kosten der Außenanlagen** Wege, Befestigungen, Terrassen, Einfriedungen, Planie, Anpflanzungen u.a.	Euro	Euro
4	**Baunebenkosten** Architekten- und Ingenieurhonorare, Genehmigungs- und Vermessungsgebühren, Geldbeschaffungskosten, Versicherungen u.a.	Euro	Euro
	Gesamtsumme	Euro	Euro
II	**Kosten außerhalb der Baufinanzierung** Umzugskosten, Einbaumöbel, Mietkosten während der Bauzeit u.a.	Euro	Euro

30 Familienhäuser

Von innen nach außen entwickelt

HAUS FRITSCH/KALLINOWSKI IN WITTEN
EDGAR KALLINOWSKI, WITTEN

Links und unten: Die differenzierten Ansichten spiegeln die unterschiedlichen Funktionsbereiche des Hauses wider, wobei die weitgehend geschlossene Nordfassade das Gebäude gegenüber einer vielbefahrenen Straße auch schalltechnisch abschottet. Großformatige Glasflächen dagegen schaffen einen fließenden Übergang zwischen Innen- und Außenraum auf der Südseite. Den krönenden Abschluss bildet ein Penthouse als Büro des Architekten.

Über einen befestigten Hof gelangt man zum Eingangsbereich und wird empfangen von Licht und Farbe.

Als Solitär steht dieses Haus im städtischen Randgebiet zwischen Bochum und Witten auf einem großen Grundstück an einer stark befahrenen Straße. In dem auf den ersten Blick unattraktiven Grundstück sahen die Bauherren die Möglichkeit, Qualitäten zu entdecken und zu schaffen. Der Architekt und Hausherr meint dazu: »Für uns bot sich hier die Chance, einen Hof als halb öffentlichen Bereich zu realisieren, wie er in südlicheren Ländern üblich ist. Der Hof hat sich insbesondere für unsere Kinder als Spielhof etabliert und ist zu einem echten Aufenthaltsraum im Freien geworden, der zudem eine Distanz zwischen Gebäude und Straße schafft.« Hinzu kommen die Qualitäten der Lage mit einem großen Freizeit- und Erholungswert, was gerade im Ruhrgebiet etwas Besonderes darstellt. »Das Grundstück gibt uns die Möglichkeit, fußläufig zur Ruhr und zum Kemnader See, einem Stausee der Ruhr zu gelangen«, erläutert die Bauherrin. »Gleichzeitig erreichen wir in zwei Minuten eine Autobahn und können auch den öffentlichen Nahverkehr nutzen. Nicht zuletzt war natürlich auch der relativ günstige Preis des Grundstücks ein Anlass, hier zu bauen.«

FUNKTIONAL UND WOHNLICH

Der Entwurf entwickelte sich aus dem Wunsch, Gemeinschaft und Individualität im Familienleben Raum zu geben. Dies drückt sich im Wohnkonzept mit seinen Raumfolgen sowie in der nach außen ablesbaren Schichtung des Baukörpers aus. In der Abwägung zwischen architektonischen und funktionalen Aspekten gelangte der Bauherr zu folgender Auffassung: »Wenn man als Architekt seine eigenen vier Wände errichtet, wird das Gebäude automatisch zu einem Statement und dient der Überprüfung der eigenen Architekturauffassung. Meiner Frau und mir war es aber wichtiger, ein Gebäude für uns und unsere Kinder zu konzipieren. Das Gebäude sollte funktional und wohnlich sein, so haben wir das Haus konsequent von innen nach außen entwickelt. Die Räume und insbesondere ihre Außenbezüge haben wir sorgfältig geplant. Die Fassade hat sich mehr oder weniger ergeben und sucht als freie Komposition einen eigenen Ausdruck.«

WOHNHALLE ALS ZENTRUM

Um genügend Abstand zur Straße zu schaffen, wurde der Nordseite ein großer Hof mit Carport und abgesenkter Spielzone vorgelagert. Von hier aus gelangt man ins Erdgeschoss, das ganz dem Familienwohnen vorbehalten ist. Eine zentrale Halle mit Koch- und Essbereich ist der größte Raum im Gebäude und bildet den Mittelpunkt des familiären Lebens. Unterschiedliche Deckenhöhen nutzen die natürliche Grundstückstopografie und geben den Räumen verschiedene Wertigkeiten. Der elterliche Wohnbereich vermittelt durch seine niedrige Höhe Geborgenheit und bietet Rückzugsmöglichkeiten und Ruhe. Die Bauherrin erläutert die Ideen zu dem zentralen Raum im Haus, in dem das alltägliche Leben stattfindet, folgendermaßen: »Es ist tatsächlich so, dass wir hier kochen, essen, Hausarbeit machen – die Kinder hier malen

»Ich halte mich am liebsten in der Halle auf. Von hier aus habe ich den besten Blick auf den Garten, das entspannt mich einfach sehr.«

DAGMAR FRITSCH

und spielen und die meiste Zeit des Tages in der Halle verbringen. Bei gutem Wetter öffnen wir die Türen zu Hof oder Garten und nutzen diese als Wohnraum mit. Durch die großzügige Verglasung nach Süden und Norden haben wir einen ständigen Blick nach draußen und erleben so das Wetter und den Wechsel der Jahreszeiten intensiv.«

KINDGERECHTER MASSSTAB

Im dunkelgrau verputzten Obergeschoss liegen Individual- und Schlafräume. Auch hier führt der Ebenenversatz zu unterschiedlichen räumlichen Qualitäten. Das elterliche Schlafzimmer mit Bad gestaltet sich als licht- und luftdurchflutete Raumfolge. Die sich anschließende Kinderebene erhält durch eine geringere Deckenhöhe und tiefere Fensterbrüstungen einen eigenen, kindgerechten Maßstab. »Wir haben bei der Planung darauf geachtet, dass die Kinder in ihren Zimmern wie auch im Gemeinschaftsbereich ausreichend Platz haben und sind auf dieser Ebene auf die Bedürfnisse der Kinder eingegangen. Die von uns ausgewählten Materialien und Möbel nehmen sich in der Formensprache und Farbe zurück und wirken selbstverständlich. Die Dinge sind designt, aber haben nicht unbedingt Objektcharakter. Die Bewohner müssen die Räume selber ausfüllen und nicht die Dinge. Unser Haus ist daher gut vereinbar mit Kinderbildern an der Wand und ein paar Spielsachen. So ist es möglich, auch mit Kindern in moderner Architektur zu leben und ihnen vielleicht sogar ein Verständnis für ›schöne Dinge‹ nahe zu bringen«, führt die Hausherrin und Mutter zur Grundhaltung des Hauses aus. Gerade für Kinder mit ihrem Bedürfnis, sinnliche Eindrücke durch haptische Erfahrungen zu untermauern, eignen sich natürliche und robuste Materialien, die Berührung und Veränderung zulassen.

BÜRO ALS PENTHOUSE

Den oberen Abschluss des Gebäudes bildet ein mit Lärchenholz bekleidetes Staffelgeschoss. Hier befindet sich ein fast vollständig verglaster Büroraum mit Dachterrasse. Die Funktionalität des Raumes ordnet sich bewusst der Umgebung unter, sodass sich Natur und Ort in ihrer eigenen Qualität erleben lassen. Neben der Schichtung der Funktionsbereiche sind die individualisierten Fensteröffnungen das nahezu einzige Gestaltungsmerkmal des Entwurfs. Die Ansichten sind das Ergebnis innenräumlicher Zusammenhänge und geben in einer freien Fassadenkomposition den Entwurfsgedanken eines von innen nach außen gedachten Hauses wieder.

Oben: Die Farbwahl wurde vor Ort von dem Düsseldorfer Künstler Thomas Kesseler eigens für das Gebäude komponiert und zusammengestellt. Die selbst hergestellten Pigmentfarben wurden direkt auf die Wände aufgetragen und anschließend gewachst.

Links: *Die Wohnhalle ist höher als die übrigen Räume, was auch optisch für mehr Großzügigkeit sorgt. Glastüren beziehen den Garten in das Wohnerlebnis mit ein: Bei geöffneten Flügeln scheint sich der Raum bis an die Grundstücksgrenze zu erstrecken.*

Oben und rechts: *Die geräumige Wohnhalle mit der offenen Kochzeile ist das eigentliche Zentrum des Hauses und zugleich bevorzugter Aufenthaltsort der Familie.*

»Freunden, die bauen wollen, würden wir sicher nicht empfehlen, unser Haus nachzubauen. Es ist wichtiger, dass jeder Bauherr seine eigenen Bedürfnisse herausfindet und schaut, wie sich diese am Ort optimal umsetzen lassen.«

EDGAR KALLINOWSKI

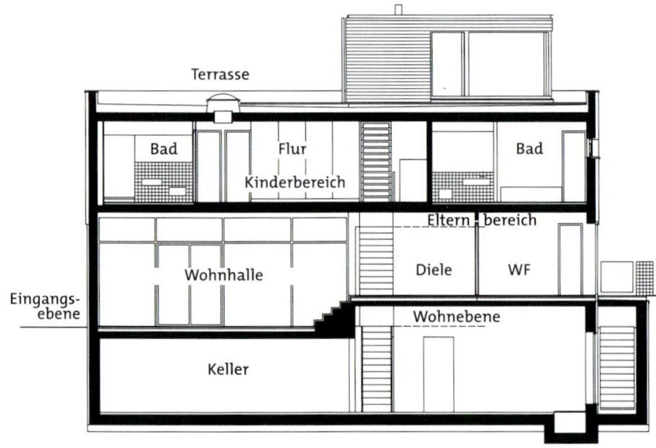

Schnitt

IM PROFIL

- **STANDORT:** 58455 Witten
- **BAUHERREN:** Dagmar Fritsch und Edgar Kallinowski
- **GRUNDSTÜCKSGRÖSSE:** 630 m²
- **GRUNDFLÄCHE:** 110 m²
- **WOHNFLÄCHE:** 184 m²
- **ZUSÄTZLICHE NUTZFLÄCHE:** 86 m² (Keller)
- **ANZAHL DER BEWOHNER:** 4
- **BAUWEISE:** Massivbau / Stahlbau
- **BAUJAHR:** 2002
- **BAUKOSTEN PRO m² WOHN- UND NUTZFLÄCHE:** 1.250 Euro
- **EIGENLEISTUNG:** Planung, Bauleitung, Außenanlagenbau
- **BAUKOSTEN GESAMT:** 230.000 Euro

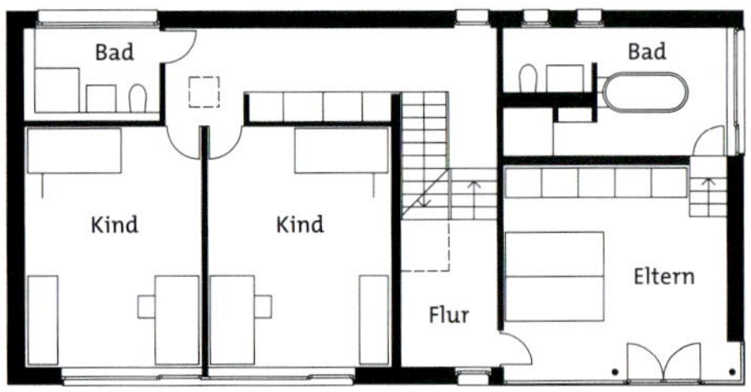

Obergeschoss

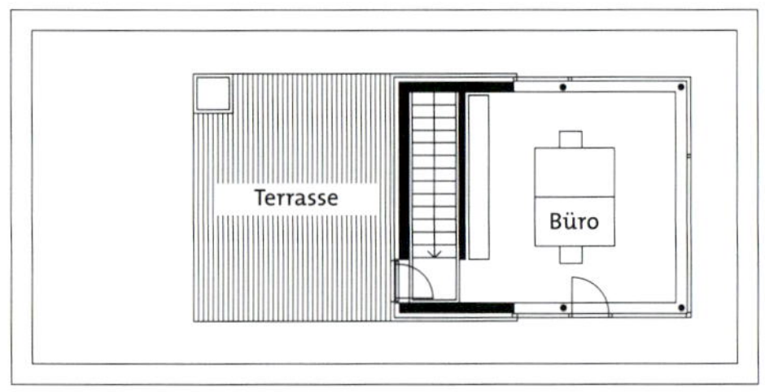

Staffelgeschoss

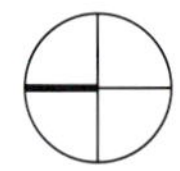

1:250

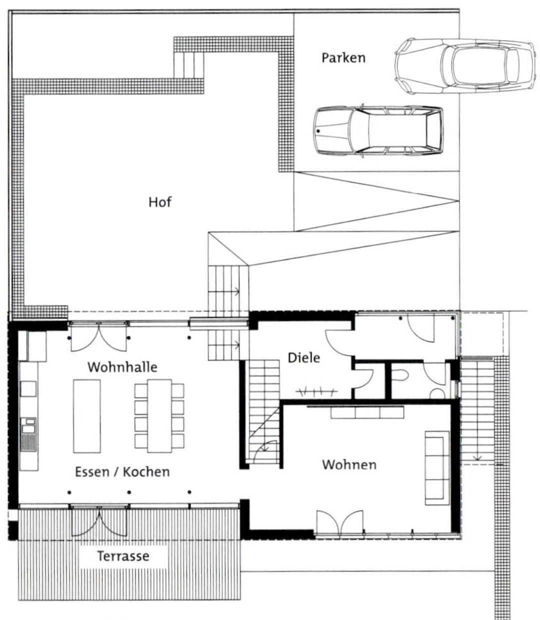

Erdgeschoss

Links außen: Ein Niveausprung trennt im Obergeschoss Kinder- und Elternbereich voneinander.

Links: Rundum zufrieden mit ihrem Familienwohnsitz zeigen sich Dagmar Fritsch und Edgar Kallinowski mit ihren Söhnen Julius und Leo.

Oben und rechts: Die zusätzliche Raumhöhe lässt auch das Elternschlafzimmer besonders geräumig wirken. Vier Stufen führen zu einem separaten Bad mit frei stehender Wanne.

Kubische Formen

HAUS SCHWIEGER IN LEIPZIG-HOLZHAUSEN
BKA BUCHER KAFKA ARCHITEKTUR, LEIPZIG

Links und unten: Das Bauhaus stand Pate. Kubische Formen, weiß verputzte Wände und großflächige Fensterelemente, die zu Bändern zusammengefasst sind, erinnern an die Architektur der 1920er Jahre. Ein lang gestrecktes Vordach beschirmt den Zugang zum Haus.

Aus der monolithischen Masse des Baukörpers ist im Südwesten eine Ecke herausgelöst. Auf diese Weise entsteht eine überdachte Terrasse als Übergangszone zwischen Innen- und Außenraum.

... und ein flaches Dach – diese Gestaltungselemente schätzen die von der Bauhaus-Architektur begeisterten Bauherren besonders. Bereits beim Grundstückskauf haben sie daher auch auf die Genehmigungsfähigkeit eines Flachdachs geachtet. Die lang gestreckte Parzelle befindet sich in einem vorwiegend mit Einfamilienhäusern bebauten Wohngebiet in Holzhausen, vor den Toren Leipzigs. »Die ländlich idyllische Lage am Stadtrand mit freiem Blick nach Westen über Felder in Richtung Stadt« machte für sie den besonderen Reiz des Grundstücks aus. Ihre Vorgabe an die Architektinnen war es zum einen, den alten Baumbestand – eine Streuobstwiese – auf dem Gartenareal zu erhalten. Zum anderen wünschten sie sich eine enge Verflechtung von Innen und Außen mit differenzierten Übergangsbereichen. Im Gegensatz zu einigen Wohnhäusern des Bauhauses aus den 1920er Jahren im nahe gelegenen Dessau, die die Bauherren besucht hatten und als erdrückend eng empfanden, sollte das neue Domizil zu einem offenen Lebensraum werden, mit unverstellten Blickachsen im Inneren und großen Fenstern nach außen.

KOMMUNIKATIV

Als Zentrum des Hauses haben die Architektinnen deshalb eine zweigeschossige Wohnhalle, die als eine Art offener Kommunikationsraum mit allen Bereichen des Hauses verbunden ist, entwickelt. Über Schiebetüren sind sowohl der Eingangsbereich als auch die Küche an die Wohnhalle angedockt. »Je nach Bedarf werden die Schiebetüren beim Kochen und Vorbereiten in der Küche geschlossen, sodass der Raum intimer wirkt«, erläutern die Bauherren das variable Konzept, dessen großzügige Variante ein Durchwohnen in Längsrichtung des Hauses bei geöffneten Schiebetüren ermöglicht. Dieser Effekt ist geplant und findet mit der überdachten, an den Essbereich grenzenden Terrasse eine Verlängerung ins Freie. Im Obergeschoss bildet eine Bibliothek das Bindeglied zwischen dem separaten Schlafbereich der Eltern und den beiden Kinderzimmern. »Durch den großen Einraum im Erdgeschoss haben wir unser Kind immer im Blick. Die Kommunikation über diesen Raum funktioniert sehr gut, verlangt aber auch eine gewisse Rücksichtnahme aller Familienmitglieder beim Radiohören, Fernsehen und bei lauten Gesprächen. Die Schlafräume im Obergeschoss sind deshalb auch Rückzugsorte, die jeder bei Bedarf aufsuchen kann.«

»Die Einbindung unseres Hauses in das Grundstück, mit Blick in die Bäume, die teilweise nur einen Meter vor den Fenstern stehen, finden wir besonders geglückt.«

BEATE UND MATTHIAS SCHWIEGER

»Wenige, aber ausgesuchte Materialien, eine klare Raumgliederung sowie große Fensterflächen, die viel Licht hineinlassen und Sichtbeziehungen in den umgebenden Garten ermöglichen, waren uns besonders wichtig.«

BEATE UND MATTHIAS SCHWIEGER

MATHEMATISCH GELÖST

Nach dem Prinzip von Addition und Subtraktion haben die Architektinnen das Volumen des Baukörpers gestaltet. Die nach Westen und Süden orientierte Terrasse bildet als Freiraum ein subtrahiertes Volumen und stellt den Übergang zwischen dem Kaminzimmer und der Wohnhalle her. Gleichzeitig wirkt dieser in das Volumen eingeschnittene Freibereich als konstruktiver Sonnenschutz für die angrenzenden Wohnräume. Im Sinne einer Addition ist der aus der Küche herausgeschobene kleine Frühstückserker zu verstehen. Ganz den Maximen des Bauhauses folgend, bilden nur wenige ausgesuchte Materialien, die miteinander in einem spannungsvollen Kontrast stehen, das strukturelle Gerüst des Hauses. Beispiele dafür sind die weiß verputzten Wände und die in dunkelbraunes Holz gefassten Fenster, deren großflächige Elemente teilweise zu Fensterbändern zusammengefasst sind, oder auch die Sichtbetonscheibe an der geradläufigen Treppe mit den schichtverleimten Eichenholzstufen. Gezielt eingesetzte Farben im Bereich der Sichtbetonelemente sowie an Küchenerker, Vordach und Wandscheibe im Wohnraum setzen Akzente gegenüber den weißen Wänden.

WIE AUS EINEM GUSS

Wohnraum, Bibliothek, Küche und Bad sind mit Einbaumöbeln, die eigens für das Haus entworfen und angefertigt wurden, individuell gestaltet. Diese Einbauten ergänzen die räumliche Struktur des Hauses im Inneren, sodass es wie aus einem Guss erscheint. Die Bauherren sind mit ihrem neuen Domizil sehr zufrieden. Jedem, der selbst bauen will, empfehlen sie, sich intensiv mit dem Thema auseinander zu setzen und die eigenen Bedürfnisse genau zu erforschen, um dann den passenden Architekten zu finden. Die Zeit, die dafür notwendig ist, halten sie für gut investiert und würden auf keinen Fall mit einem Bauträger bauen. Aus der Tristesse und architektonischen Einfallslosigkeit der von Bauträgern errichteten Eigenheimsiedlungen hebt sich dieses Haus daher auch wohltuend ab und zeigt, was ambitionierte Bauherren zusammen mit kreativen Architekten erreichen können – nämlich ein individuelles, den Bedürfnissen genau angepasstes Wohnhaus, das zudem noch den unbezahlbaren Vorteil hat, baukünstlerischen Ansprüchen zu genügen.

Oben: Das Fenster an der Südfassade macht die zweigeschossige Wohnhalle auch nach außen hin deutlich ablesbar.

Links: Die über zwei Ebenen reichende offene Wohnhalle bildet das Zentrum des Hauses und den Mittelpunkt des Familienlebens. Die Küche kann bei Bedarf durch Schiebetüren von diesem Einraum abgeteilt werden.

Oben: Die Küche wird durch ein Fensterband optimal belichtet. Der aus der Fassade herausgeschobene Erker öffnet sich zum Garten.

Rechts: Über den Luftraum ist die Galerie im Obergeschoss mit der Wohnhalle verbunden.

»Einer meiner Lieblingsplätze im Haus ist die Leseecke im Obergeschoss auf der eingebauten Bank vor dem großen Fenster mit Blick in die Bäume.«
MATTHIAS SCHWIEGER

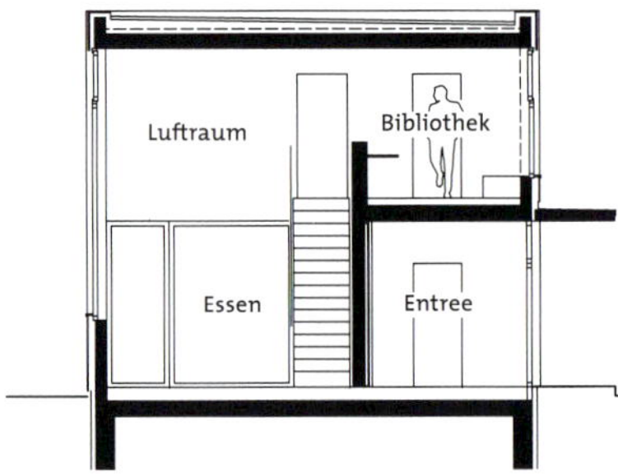

Schnitt

IM PROFIL

- **STANDORT:** 04288 Leipzig-Holzhausen
- **BAUHERREN:** Beate und Matthias Schwieger
- **GRUNDSTÜCKSGRÖSSE:** 770 m²
- **GRUNDFLÄCHE:** 86 m²
- **WOHNFLÄCHE:** 139 m²
- **ANZAHL DER BEWOHNER:** 4
- **BAUWEISE:** Massivbau
- **BAUJAHR:** 2005
- **BAUKOSTEN PRO m² WOHN- UND NUTZFLÄCHE:** 1.173 Euro
- **BAUKOSTEN GESAMT:** 163.000 Euro

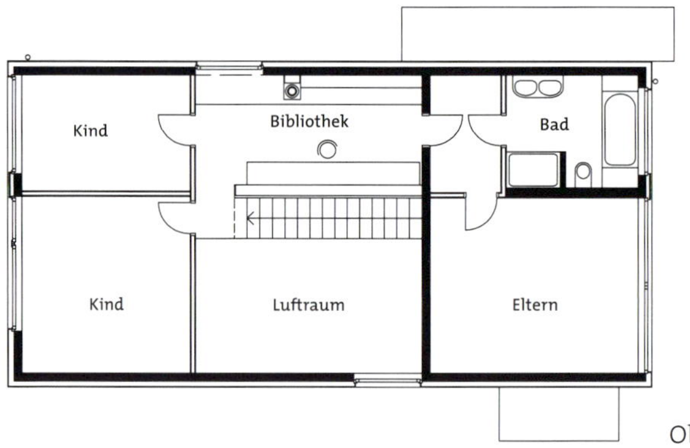

Obergeschoss

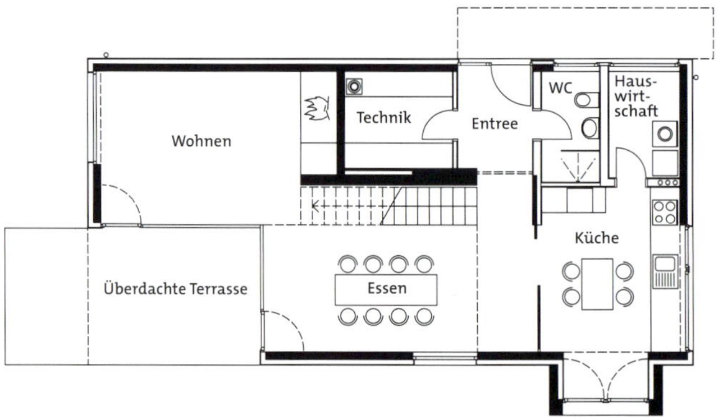

Erdgeschoss

Beate und Matthias Schwieger mit Sohn Martin schätzen die klare Linie ihres neuen Domizils.

Oben: Ein breites Schwingfenster über der Badewanne sorgt für Licht und Luft.

Rechts: Im Kaminzimmer bieten maßgefertigte Einbaumöbel zusätzlichen Stauraum, ein individuelles Farbkonzept sorgt für Akzente in den sonst weißen Räumen.

Wohnwürfel mit Aussicht

HAUS HANEL IN WUPPERTAL
INGO HANEL, WUPPERTAL

Links: *Nur wenige, in Form und Zuschnitt unterschiedliche Fensteröffnungen durchbrechen den holzverschalten Baukörper auf der Eingangsseite.*

Unten: *Kantig und präzise hebt sich der in Tropenholz gehüllte Baukörper aus dem bewachsenen Steilhang. Von Balkonen und Dachterrasse reicht der Blick weit über Stadt und Umland.*

Links: Die Familie vor dem Eingang. Mit einer breiten, bequemen Holzschwelle löst sich das Haus von dem bekiesten Vorplatz.

Wie auf dem Oberdeck eines Ozeanliners fühlt man sich auf der 50 Quadratmeter großen Dachterrasse dieses vollkommen in Tropenholz eingehüllten Hauses. Denya-Bohlen, die als unverrottbares Holz vor allem im Wasserbau eingesetzt werden, konnte der Bauherr in großer Menge von einem Händler an der Donau beziehen: »Ich habe nach einem Holz gesucht, das allen Witterungsbedingungen standhält und nicht mehr erneuert werden muss. Es gibt außen kein einziges dekoratives Element. Alles ist funktional.« Die fantastische Aussicht über den gesamten östlichen Teil der Stadt Wuppertal mit einem Blick bis nach Schwelm und weiter nach Hagen erklärt fast von selbst, was den Bauherrn und Architekten gereizt hat, hier, auf einem extremen Hanggrundstück, zu bauen. »Auf einer Tiefe von 40 Metern mussten wir eine Höhendifferenz von 20 Metern überwinden«, erläutert er die besondere Herausforderung des Grundstücks. »Die Zufahrt war schon logistisch ein großes Problem. Sie erfolgte über einen extrem schmalen Weg, auf dem zwei Autos nicht aneinander vorbei passen.«

ÄSTHETIK DER EINFACHHEIT

Dass es ein Holzhaus sein sollte, stand von Anfang an fest. »Mir war es wichtig, ein einfaches und wirtschaftliches konstruktives System zu wählen und vollständig auf dekorative Elemente zu verzichten – ich bezeichne dies gerne mit dem Begriff ›Ästhetik der Einfachheit‹«, so der Bauherr. Den Hang hat er durch eine 3 Meter hohe Stützmauer abgefangen. Die Bodenplatte aus Stahlbeton lagert auf fünf Stützpfählen, die 5 Meter weit in den Boden hineinreichen und im Fels verankert sind. Auf dieser unverschieblichen Plattform ruht eine dreigeschossige Holzrahmenkonstruktion, die das Tragwerk des würfelförmigen Baukörpers bildet. »Das Gebäude sollte energetisch optimiert werden, was sich auch darin ausdrückt, dass der Grundkörper würfelförmig mit einer Kantenlänge von 9 Metern ist. Hieraus ergibt sich ein sehr gutes Verhältnis zwischen Rauminhalt und Umhüllungsfläche.«

WÜRFEL MIT WOHNPLATTFORMEN

Über eine umlaufende Holzterrasse hält der Kubus in der mittleren Ebene Kontakt zur Stützmauer und einem Eingangshof mit Carport und Abstellraum. Über diese hölzerne Schwelle gelangt man in den nach drei Seiten offenen Wohnraum mit Küche und Essbereich, der die mittlere Plattform des Wohnkubus bildet. Eine zweiläufige Podesttreppe führt von hier in die darüber liegende Schlafebene bis hinauf zu der riesigen Dachterrasse. Eine Spülküche und ein separates WC bilden dort die Infrastruktur für traumhafte Sommerfeste. Unterhalb der Wohnplattform befindet sich eine Einliegerwohnung mit Zugang über die interne Treppe oder direkt vom Garten aus. Mit dieser Einheit kann das Haus auf zukünftige Entwicklungen der Familie reagieren. Funktionalität und einfache klare Formen bestimmen den Innenraumeindruck. Eine Schale aus gespachtelten und weiß gestrichenen Gipskartonplatten bildet die Oberfläche der Innenwände,

»Es war für mich völlig klar, dass es ein Holzhaus werden sollte, da hierdurch ein außergewöhnliches Innenraumklima entsteht.«

INGO HANEL

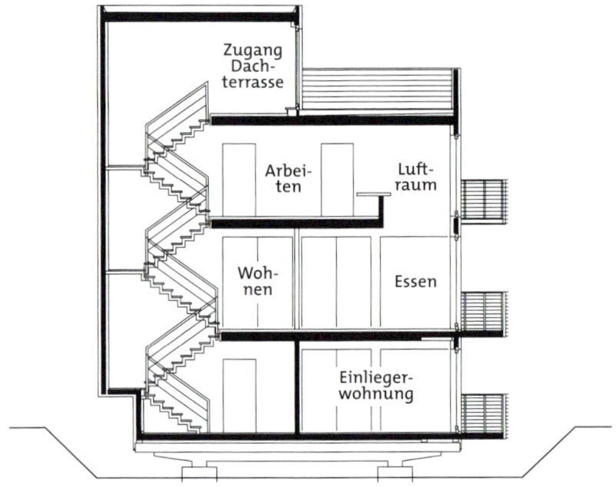

Schnitt

IM PROFIL

- **STANDORT:**
  42113 Wuppertal
- **BAUHERR:**
  Ingo Hanel
- **GRUNDSTÜCKSGRÖSSE:** 900 m²
- **GRUNDFLÄCHE:** 81 m²
- **WOHNFLÄCHE:** 200 m²
- **ZUSÄTZLICHE NUTZFLÄCHE:**
  50 m² (Dachterrasse)
- **ANZAHL DER BEWOHNER:** 3
- **BAUWEISE:**
  Holzrahmenbau
- **BAUJAHR:** 2003
- **BAUKOSTEN PRO m² WOHN- UND NUTZFLÄCHE:** 1.100 Euro
- **EIGENLEISTUNG:**
  75.000 Euro
- **BAUKOSTEN GESAMT:**
  150.000 Euro

1:250

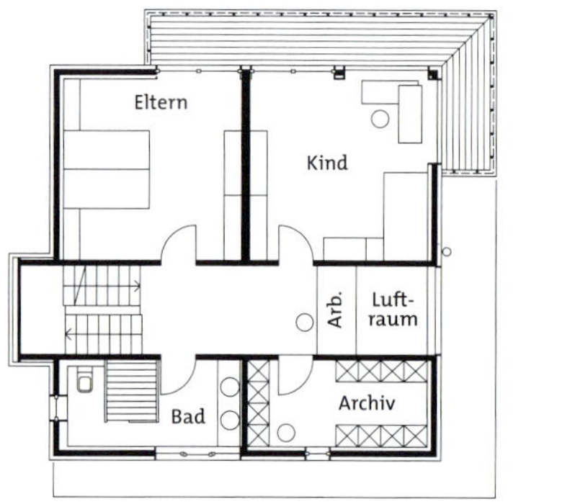

Obergeschoss

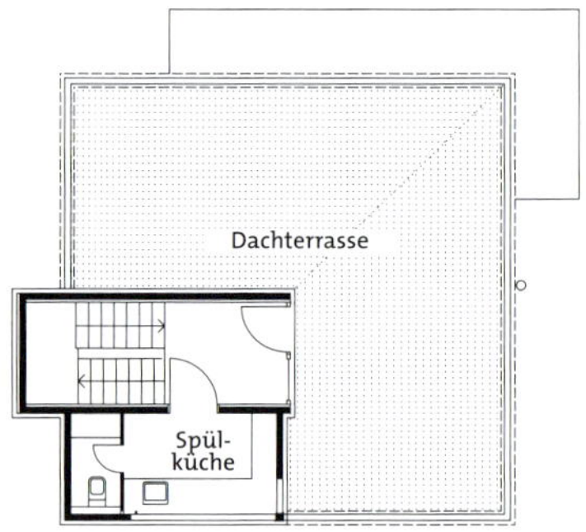

Dachgeschoss

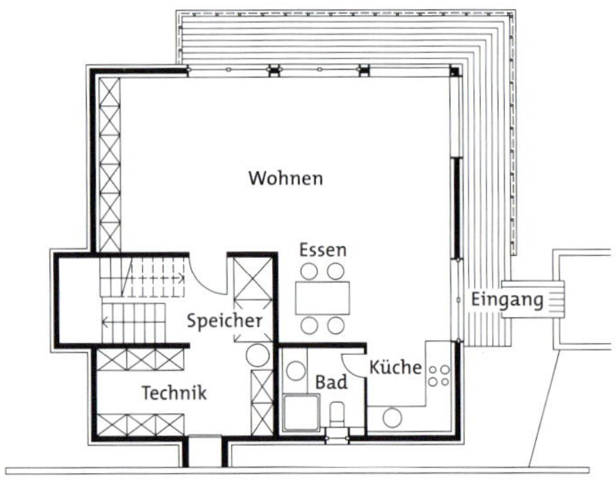

Untergeschoss

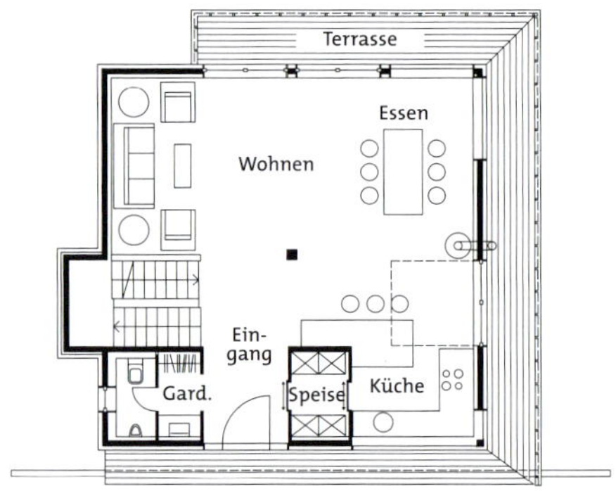

Erdgeschoss

hinter denen sich eine 6 Zentimeter dicke Installationsebene befindet. Von außen wird das charakteristische Erscheinungsbild des Hauses von der Wetterschale aus 27 Millimeter dicken Denya-Bohlen bestimmt, die auf eine vertikale Unterkonstruktion geschraubt wurden. Um ein gleichmäßiges Vergrauen der Fassade zu ermöglichen, wurden die Fensterrahmen ebenfalls aus Tropenholz angefertigt.

ÖKOLOGISCHES KONZEPT

Der Warmwasserspeicher im Technikraum auf der unteren Ebene hat ein Fassungsvermögen von 2.200 Litern und wird von einem 16 Quadratmeter großen Kollektorfeld auf dem Dach beheizt. Ebenfalls an die Solaranlage angeschlossen ist ein separater Brauchwasserspeicher mit einem Volumen von 300 Litern. Der Restwärmebedarf wird durch das Nachheizen des Pufferspeichers über Nachtstrom sichergestellt. Niederschlagswasser wird in einer 5.000 Liter fassenden Zisterne gesammelt. Über das Treppenhaus, die Gästetoilette und das Bad wird die Raumluft abgesaugt und einer Luft-/Wasserwärmepumpe zugeführt. Diese Maßnahmen, zusammen mit der kompakten Form und der konsequenten Dämmung der Außenhülle mit 12 Zentimeter Mineralwolle, führen zu dem geringen Jahres-Heizwärmebedarf von nur 7 kWh/m². Dieser Wert entspricht einem Zehntel der in der neuen Energieeinsparverordnung (EnEV) vom 1.2.2002 geforderten Kennzahl und liegt sogar unter dem Wert für ein Passivhaus, dessen Jahres-Heizwärmebedarf mit 15 kWh/m² angegeben wird.

VERZICHT AUF ÜBERFLÜSSIGES

»Was die besondere Wohnqualität dieses Hauses ausmacht, ist einerseits die großzügige Belichtung und somit eine außerordentliche Helligkeit, was auch dazu führt, dass wir die unterschiedlichen Jahreszeiten sehr intensiv erleben. Andererseits ist es die Lage oben am Berg mit Blick ins Tal und weit in die Ferne, was einem das Gefühl gibt, ›über den Dingen zu schweben‹«, fasst der Hausherr zusammen. Freunden, die ein Haus bauen wollen, empfiehlt er: »Sucht euch einen guten Architekten, der in der Lage ist, die Qualitäten eines Grundstücks zu erkennen und diese unter Berücksichtigung der Wünsche der Nutzer in ein Gebäude umsetzt. Verzichtet auf alles Überflüssige und folgt dem Bauhaus-Leitsatz: Form follows function.«

Oben links: Als verbindendes Element zwischen innen und außen wirkt der umlaufende Balkon und verleiht dem Essplatz den Luxus einer ganzjährig nutzbaren Aussichtsterrasse.

Oben rechts: Filigrane, gefaltete Stahlträger tragen die Holzstufen der Treppe und verbinden mit eleganter Linienführung die verschiedenen Wohnebenen des Hauses.

Vier unter Deck

HAUS DR. DIETZE IN NAUNHOF
BKA BUCHER KAFKA ARCHITEKTUR, LEIPZIG

Links: Die Wohnzimmerbank führt geradewegs weiter ins Freie. Die geschosshohen Verglasungen des Wohnraums schaffen einen fließenden Übergang zwischen innen und außen.

Unten: Mit seiner Schmalseite orientiert sich das Haus zur Straße. Ein kleines Vordach über dem Eingang ist die äußere Fortsetzung des inneren Laufstegs. Die minimalistische Formensprache wird mit dem Farbkanon »Grau – Weiß – Rot« wirkungsvoll unterstützt.

Der rote Würfel schwebt in Sitzhöhe über dem Wohnzimmerboden und wird somit zu einer offenen Bühne.

Wie ein elegantes weißes Schiff liegt der lang gestreckte Baukörper an der Großsteinberger Straße im sächsischen Naunhof. Das fünfeckige Grundstück nimmt eine Art Scharnierfunktion zwischen einem Reihenhausgebiet mit relativ hoher Bebauungsdichte im Norden und einem mit gründerzeitlichen Villen bebauten Quartier im Süden ein. Unverkennbar an formale und funktionale Errungenschaften der Bauhausbewegung anknüpfend, demonstriert das Haus die zeitlosen Qualitäten der Moderne. Als Produkt der Gegenwart verfügt es über hervorragende bauphysikalische Eigenschaften, von der Wärmedämmung der geschlossenen Wandflächen bis hin zur Wärmeschutzverglasung mit außen liegenden Lamellenraffstoren für den temporären Sonnenschutz – Ausstattungsmerkmale, von denen die Meister des Bauhauses in Dessau nur träumen konnten.

DIE RICHTIGE WAHL

»Lassen Sie sich auf keine Kompromisse ein«, empfiehlt der Bauherr den Besuchern des Hauses anlässlich eines Tags der offenen Tür. »Suchen Sie sich einen Architekten aus, der zu Ihnen passt.« Erst nach langer Suche fand der Bauherr zu dem Team der zwei Architektinnen. »Sie legten erste Vorstellungen vor, wir erläuterten unsere ziemlich konkreten Absichten und wurden schnell miteinander warm.« Aus den gemeinsamen Ideen entstand schließlich auf dem schmalen Grundstück ein weißes kubisches Haus mit Flachdach – zum vorher festgesetzten Kostenlimit.

DAS HAUS ALS BEWOHNBARE SKULPTUR

Von der schmalen, der Straße zugewandten Stirnseite gelangt man unmittelbar in einen offenen, über beide Geschosse sich erstreckenden Erschließungsraum, der sich im hinteren Bereich zu einem 45 Zentimeter tief ins Gelände eingesenkten Wohnraum erweitert. Ihrer Bedeutung entsprechend staffeln sich die einzelnen Funktionsräume entlang dieser Erschließungsachse, beginnend mit Hauswirtschaft und Technik über die offene Küche und den erhöht liegenden Essplatz bis hin zu dem auf zwei Seiten vollverglasten Wohnraum. Die massive Stahlbetonwand im Norden bildet eine Art Rückgrat für das Haus und wird von einer auf den ersten Blick scheinbar überflüssigen Zutat, einem innen wie außen karminrot gehaltenen Kubus aus Stahlbeton, durchbrochen. Dieser leuchtend rote Körper akzentuiert nicht nur von außen die lange Stahlbetonscheibe und setzt ihr ein Ende – die zum Wohnraum gerichtete Öffnung bildet zudem eine Art Bühne und setzt auch im Inneren einen Kontrapunkt.

»Viele sind skeptisch. Für manche ist ein Haus ohne Spitzdach kein Haus, aber innen kommt dann für manch einen der große Aha-Effekt.«

DR. DIETZE

> »Ihr Haus sieht ja aus wie zwei übereinander gestellte Garagen, das würden wir uns gern mal ansehen.«
>
> DIE SCHÜLER DER HAUSHERRIN (MUSIKLEHRERIN)

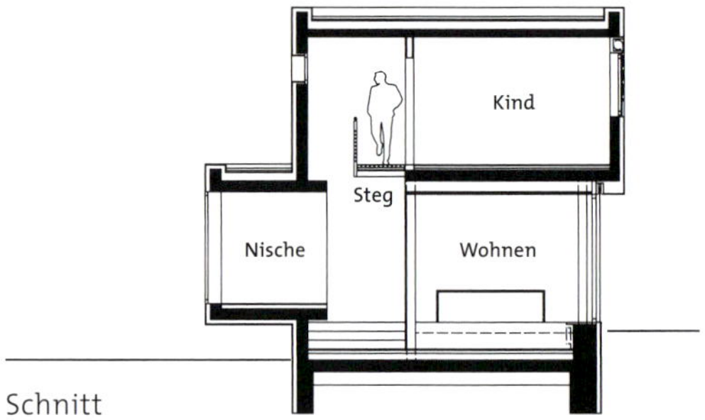

Schnitt

IM PROFIL

- **STANDORT:** 04683 Naunhof
- **BAUHERREN:** Familie Dr. Dietze
- **GRUNDSTÜCKSGRÖSSE:** 1.200 m²
- **GRUNDFLÄCHE:** 87 m²
- **WOHNFLÄCHE:** 143 m²
- **ANZAHL DER BEWOHNER:** 4
- **BAUWEISE:** Massivbau
- **BAUJAHR:** 2001
- **BAUKOSTEN PRO m² WOHN- UND NUTZFLÄCHE:** 1.273 Euro
- **BAUKOSTEN GESAMT:** 182.000 Euro

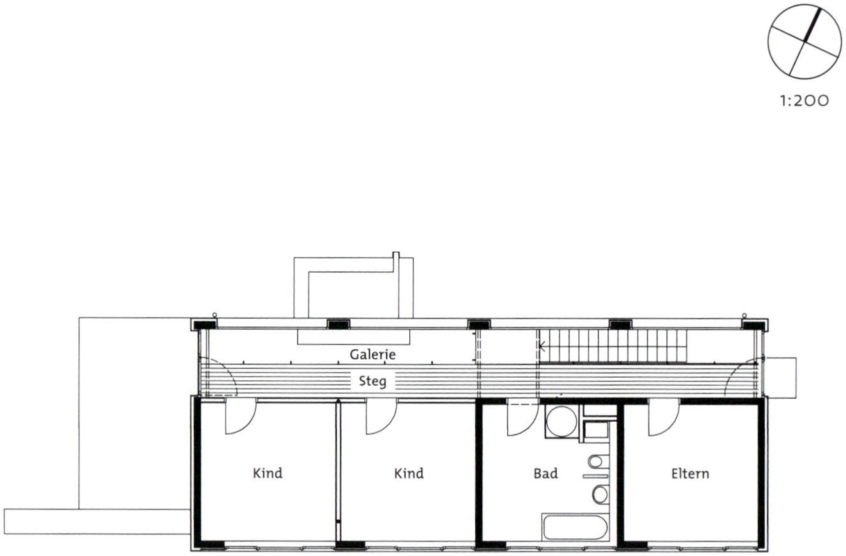

Obergeschoss

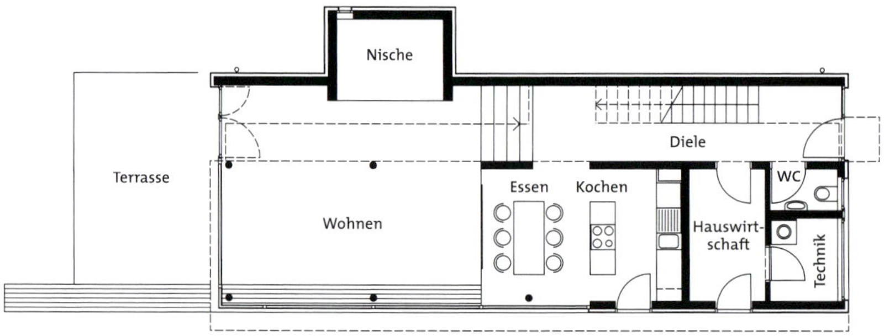

Erdgeschoss

KABINENDECK MIT RELING

Im Obergeschoss haben der Werbeexperte, die Musiklehrerin und ihre beiden Kinder ihre Rückzugsmöglichkeiten. Dieser Funktionstrakt besitzt vier gleich große Räume, von denen einer als Badezimmer, die anderen als Schlafräume genutzt werden. Tatsächlich wie auf einem Schiff fühlen sich die Bewohner, wenn sie die Räume im Obergeschoss verlassen und auf eine mit Buchenholzlamellen belegte, das Haus in voller Länge durchquerende Brücke treten.

DIE FORM FOLGT DER FUNKTION

Auf wenig Grundfläche zeigt das Haus zwei unterschiedliche Vorzüge: Das mit raumhohen Glasflächen zum Garten orientierte Erdgeschoss wirkt offen, transparent, geradezu repräsentativ und dient der Familie daher auch als Treffpunkt mit Freunden und Bekannten. Im Gegensatz dazu steht der eher geschlossene Trakt mit den Individualräumen im Obergeschoss: Spannungsvoll scheint er auf einem gläsernen Unterbau zu schweben. Diese Wirkung beruht auf einer gezielten Verwendung der konstruktiven Mittel, die das Bauen mit tragenden Wänden ebenso umfasst wie sie die Möglichkeiten des Skelettbaus nutzt.

QUALITÄT BIS INS DETAIL

Keineswegs formalistisch ist diese Architektur, die sich konsequent an der Funktion orientiert und auf die spezifischen Wünsche der Bauherren zugeschnitten ist. Licht, Luft und eine harmonische Verbindung zur Landschaft sind zentrale Entwurfsgedanken, die sich mit dem Grundsatz des Energiesparens verbinden. Entscheidend für den Erfolg dieser individuellen Architektur ist die Tatsache, dass die Architektinnen ein Haus bis zur Fertigstellung begleiten und für eine qualitätsgerechte Ausführung aller Details einstehen, wobei sie nicht zuletzt auch durch die Einzelvergabe der Handwerkerleistungen die Kosten im Griff haben.

Oben links: Der rote Würfel, scheinbar ohne Funktion, bildet das Gravitätszentrum der offenen Raumkomposition. Von hier aus hat der Hausherr alles im Blick.

Oben Mitte: Die räumliche Qualität des Erschließungssystems erinnert an die Großzügigkeit einer Bildergalerie, die man in einem Einfamilienhaus nicht erwartet.

Oben rechts: Dort, wo die Erschließungsachse in den Wohnbereich einmündet, sorgt die Absenkung der Wohnebene um drei Stufen für eine Aufweitung des Raums auch in der dritten Dimension.

Mit Kinderbüro im Souterrain

HAUS MUHR IN NEUSS

PLAKE SCHMALE ARCHITEKTEN, NEUSS

Links: Der Eingangsbereich wirkt großzügig und einladend. Die beiden Öffnungen in der Mauerwerksfassade werden durch einen dreilagigen Sturz aus senkrecht stehenden Riemchen ausdrucksvoll zusammengebunden.

Unten: Als Mauerscheiben und Einfassungen der Pflanzbeete werden die handgeformten Klinkersteine zu raumbildenden Elementen im Garten. Dadurch finden die Innenräume im Außenraum eine wohltuende Entsprechung.

Zum Garten öffnet sich das Haus mit Wohnraum, Wohnküche, Essbereich und Kinderbüro im Souterrain. Durch einen umlaufenden, zurückgesetzten Fries tritt das Dachgeschoss kaum in Erscheinung und ist nur durch die Fensteröffnungen an den Giebelseiten erkennbar.

Rund um Köln nutzten bereits die Römer gebrannte Tonziegel als Baumaterial. Vitruvs Dreiklang von der Festigkeit (Firmitas), der Nützlichkeit (Utilitas) und der Schönheit (Venustas) bestimmt bis heute die Wertvorstellungen, die wir mit einem fest gefügten Haus verbinden. Auch beim Haus Muhr, das in dem kleinen Dorf Schlicherum – zirka 5 Kilometer südlich von Neuss – liegt, kam dieser vielfach bewährte, traditionsreiche Baustoff zum Einsatz.

ZEITLOSES ERSCHEINUNGSBILD

»Unser Haus soll nicht anhand bestimmter äußerer Baumerkmale und einem Mix an Materialien einem bestimmten Jahrzehnt zuzuordnen sein«, meint die Bauherrin, »sondern es soll durch die Reduktion der Materialien einen zeitlosen Charakter haben.« Von außen präsentiert sich das Gebäude in einer Vormauerschale aus doppelt gebrannten Handformklinkern, die mit ihren sorgfältig ausgebildeten Details dem einfachen Volumen Maßstäblichkeit und Proportion verleihen. Durch die Modellierung des Grundstücks nach den Vorstellungen der Bauherrin – die selbst Gartenarchitektin ist – gelang es, drei Nutzungsebenen zu schaffen und dies in einem Wohngebiet, dessen Bebauungsplan nur ein Vollgeschoss mit Dachgeschoss erlaubt.

GETRENNTE FUNKTIONSBEREICHE

Auf der Ostseite erreicht man über ein großzügiges Podest, das sich »wie ein großer Teppich in den Garten ausbreitet«, den Eingangsbereich, an den sich Küche und Essplatz anschließen. Die Eingangshalle ist um zwei Stufen abgesenkt und geht ebenengleich in eine Freiterrasse über. Von dieser Halle gelangt man in den Wohnraum mit einem nach Westen orientierten Freisitz. Fast im Zentrum des Hauses führt eine geradläufige, massive Treppe in das Dachgeschoss mit den Schlafräumen für die beiden Kinder und die Eltern sowie den Badezimmern. Auch hier sind die einzelnen Bereiche deutlich voneinander getrennt. Besonderes Gestaltungselement ist eine Brücke, die im Dachgeschoss die Kinderzimmer mit dem Elternbereich verbindet. »Das Haus sollte nicht – wie bei anderen Häusern für Familien mit kleinen Kindern oft der Fall – nur auf Kinder ausgerichtet sein, sondern die Nutzungen separieren«, so die Bauherrin. Die Umsetzung dieses Gedankens überzeugt, weil alle Familienmitglieder davon profitieren. Neben den Kinderzimmern als individuellen Schlafräumen besitzt das Haus im Untergeschoss ein »Kinderbüro« mit einem ebenerdig angeschlossenen Freibereich, der in einer dreistufigen, bepflanzten Terrasse zum Garten hin ansteigt und über einen gebogenen Treppenlauf mit dem Freisitz vor Essbereich und Küche verbunden ist. Hier können die Kinder gefahrlos spielen und haben durch die geschickte Geländevertiefung auch einen geschützten Bereich im Freien. Gerade für Kleinkinder ist dieses Detail besonders wertvoll.

»Das Grundstück liegt inmitten eines gewachsenen Dorfkerns, umgeben von Hecken und Gärten. Die flankierenden Nachbargrundstücke mit ihren hohen Baumbeständen vermitteln ein Gefühl von Geborgenheit.«

MIRJAM MUHR

ROTE WAND ALS BLICKFANG

Das zentrale Erschließungselement bildet die in Längsrichtung angeordnete massive Treppe. Eine den Treppenlauf begleitende rote Wand setzt als geschossübergreifender Blickfang einen kräftigen Farbakzent. Im Erdgeschoss verbirgt sich dahinter eine nach Westen orientierte Wohnküche, die das eigentliche Zentrum des Hauses bildet. Quer dazu liegt geschützt das abgesenkte Wohnzimmer und wirkt fast introvertiert. Geschlossene Wandscheiben stehen in ausgewogenem Verhältnis zu offenen Flächen.

GESCHICKTE RAUMAUSNUTZUNG

Kinder und Eltern verfügen jeweils über eigene Sanitäreinrichtungen. Das Bad der Eltern ist durch eine große Schiebewand vom Schlafbereich getrennt. Bambusparkett im Schlafraum und den angrenzenden Nassbereichen stellt eine räumliche Einheit her. »So kann der Schminkbereich dem Schlafzimmer ganz selbstverständlich zugeschaltet werden«, erläutert die Bauherrin. Ein begehbarer Kleiderschrank rundet die komfortable Ausstattung des Elternbereichs ab. Die Trennwand zwischen den beiden Kinderzimmern ist demontierbar und steht über ein Glasschwert mit der giebelseitigen Fenstersprosse verbunden, sodass eine spätere Vergrößerung der Räume im Dachgeschoss möglich ist. Dieses durchdachte Detail erlaubt es, die beiden Kinderzimmer eines Tages ohne größerem Aufwand zu einem Raum zusammenzufassen, ohne die Außenwandkonstruktion zu beeinträchtigen.

DIALOG ZWISCHEN AUSSEN UND INNEN

Die innenräumlichen Qualitäten des Hauses finden in der aufwändig gestalteten Gartenanlage ihre Entsprechung, sodass sich Architektur und Natur zu einem harmonischen Ganzen zusammenfügen. Der Garten steht im Einklang mit dem Haus – und umgekehrt. »Immer neue Sichtbeziehungen und Raumabfolgen überraschen den Betrachter«, lobt der Architekt die Gartenplanung der Bauherrin. So wurde zum Beispiel das Kinderspielhaus im Freien ausschließlich aus Hecken geformt. Der raumbildende Charakter der Gartenbepflanzung, zusammen mit ausgewählten Kunstobjekten, sowie eine individuell abgestimmte Außen- und Innenbeleuchtung verzahnen das Haus mit dem Grün und erhöhen die Wohnqualität für Kinder und Eltern.

Oben: Durch Illumination entfaltet der Garten seinen Zauber auch bei Nacht.

Links außen: Bodenbelag aus schwarzem Naturstein und eine rot gestrichene Wand bestimmen den Raumeindruck in der über zwei Geschosse reichenden Eingangshalle.

Links: Eine Brücke verbindet im Obergeschoss Eltern- und Kinderbereich miteinander.

Oben und rechts: Als besonders praktisch erweist sich die Raumaufteilung im Erdgeschoss mit Wohnraum und Wohnküche als voneinander getrennten Einheiten. »Ich würde alles wieder so haben wollen«, meint die Bauherrin.

»Das Haus sollte eine klare Ordnung besitzen und zeitlos in seiner Ausstrahlung und Materialität sein.«

MIRJAM MUHR

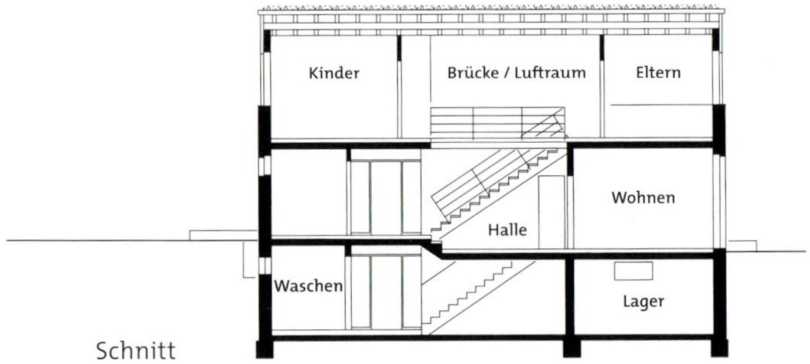

Schnitt

IM PROFIL

- **STANDORT:** 41470 Neuss
- **BAUHERRIN:** Mirjam Muhr
- **GRUNDSTÜCKSGRÖSSE:** 480 m²
- **GRUNDFLÄCHE:** 99 m²
- **WOHNFLÄCHE:** 146 m²
- **ZUSÄTZLICHE NUTZFLÄCHE:** 83 m²
- **ANZAHL DER BEWOHNER:** 4
- **BAUWEISE:** Massivbau
- **BAUJAHR:** 2001
- **BAUKOSTEN PRO m² WOHN- UND NUTZFLÄCHE:** 1.200 Euro
- **BAUKOSTEN GESAMT:** 275.000 Euro

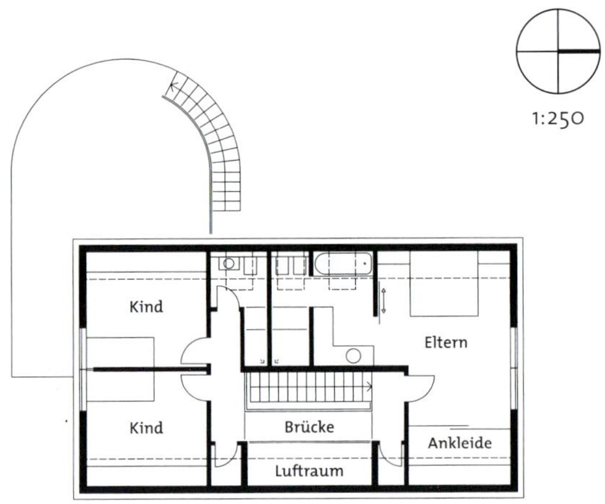

Dachgeschoss

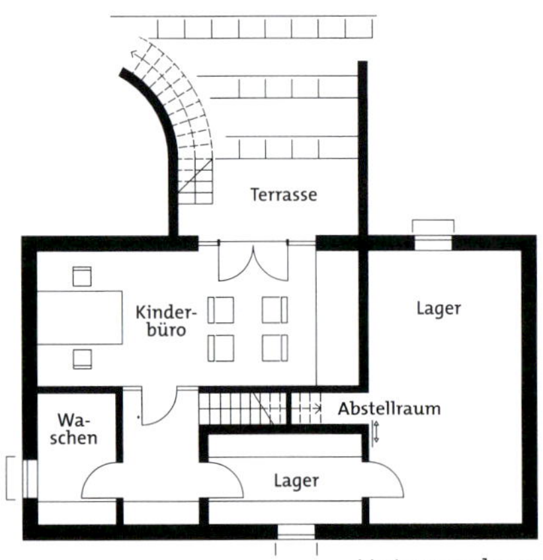

Untergeschoss

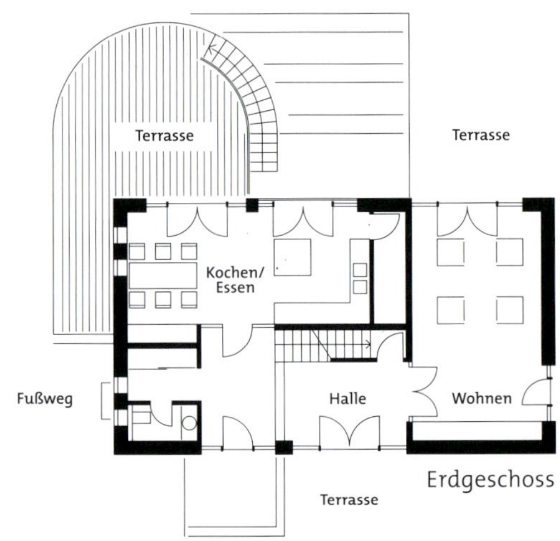

Erdgeschoss

Mirjam Muhr: »Meine Kinder identifizieren sich sehr mit dem Haus und sind, genau wie ich, sehr stolz.«

Oben und rechts: Kleinteiliges Glasmosaik akzentuiert die einzelnen Sanitärbereiche wie hier das Elternbad und das Gäste-WC.

Vertikales Raumkontinuum

HAUS DR. HEHNER IN AHRWEILER

ARMINSCHMITZ ARCHITEKT, BAD NEUENAHR-AHRWEILER

Links: Geschlossen und nur mit schlitzförmigen Öffnungen und Zugang über eine Treppe zeigt sich das Haus auf der Nordseite.

Unten: Turmartig erhebt sich der weiße Kubus aus dem sorgfältig gestalteten Garten. Das Gefälle im Gelände wurde genutzt, um auf der Südseite eine vierte Wohnebene unterzubringen.

Links außen und links: Der Essplatz ist in die Küche integriert und durch eine Schiebetür vom Treppenhaus getrennt. Diagonal verlegter Steinboden und Glaswände zwischen den einzelnen Funktionsbereichen vermitteln den Eindruck eines Raumkontinuums, was durch die Lichtführung sowie die geschickt angelegten Blickachsen noch verstärkt wird.

Auch außerhalb der Grenzen von Rheinland-Pfalz kennt man den Wein aus dem Ahrtal. Eingebettet zwischen der Ahrweiler Stadtmauer und den umgebenden Weinbergen wurde dieses Haus für einen Zahnarzt und seine Familie auf minimaler Grundfläche errichtet. Der Bauplatz liegt im Garten des Elternhauses, in dem sich auch die Praxis befindet. In strahlendem Weiß erhebt sich der scharfkantige Kubus aus dem nach Süden leicht abfallenden Gelände. Zur Erschließungsstraße im Norden wirkt das Haus eher geschlossen und kompakt. Lediglich im Obergeschoss verleiht die auf Stahlstützen ruhende, umlaufende Attika dem Volumen einen Anflug von Luftigkeit. Vertikale und horizontale, schlitzförmige Fenster öffnen den Baukörper nur sparsam und geben nichts von seinem Innenleben preis. Geheimnisvoll wirkt auch die konvex gewölbte Eingangstür, die im Westen hinter einer frei stehenden Wandscheibe verborgen liegt und nur über eine Treppe zu erreichen ist. Überraschend anders zeigt sich das Haus auf der Südseite, wo es sich auf vier Geschossen über große Fensterflächen zur Umgebung öffnet.

SPIEL MIT DEM LICHT

Unter Verzicht auf gängige Grundrissschemata bietet das Haus ein höchst individuelles Raumgefüge, das durch das Splitlevel-Konzept den einzelnen Familienmitgliedern ein Höchstmaß an privaten Rückzugsmöglichkeiten zugesteht, ohne die einzelnen Bereiche dadurch völlig voneinander zu trennen. So stehen vier Wohnebenen zur Verfügung, die von drei Service-Zwischenebenen bedient werden. Der halbgeschossige Versatz zwischen dienenden und bedienten Räumen, wie zum Beispiel zwischen Bad, Spielecke und den Schlafräumen der Kinder im Gartengeschoss, zwischen Bad, Studio und Elternschlafzimmer im Erdgeschoss, zwischen Arbeitsplatz und Wohnküche im Eingangsgeschoss sowie zwischen Treppenhaus und Wohnraum im Dachgeschoss, schafft ein vertikales Raumkontinuum, das das Haus trotz der kleinen Grundfläche geräumig und großzügig erscheinen lässt. »Man fühlt sich, auf engstem Raum, durch fließend ineinander übergehende Ebenen nie eingeengt«, stellt der Bauherr fest und lobt die Lichtführung: »Faszinierend bei Tag sowie bei künstlicher Beleuchtung ist das Licht-und-Schatten-Spiel im Haus.« Und in der Tat, als plastisch gestaltetes Volumen spielt das Haus mit dem Licht. So wird zum Beispiel das Studio im Erdgeschoss über einen eineinhalbgeschossigen, vertikalen Schacht von oben mit Tageslicht versorgt.

»Faszinierend bei Tag sowie bei künstlicher Beleuchtung ist das Licht-und-Schatten-Spiel im Haus.«

DR. KLAUS HEHNER

»Auch auf engstem Raum fühlt man sich durch die fließend ineinander übergehenden Ebenen nie eingeengt.«

DR. KLAUS HEHNER

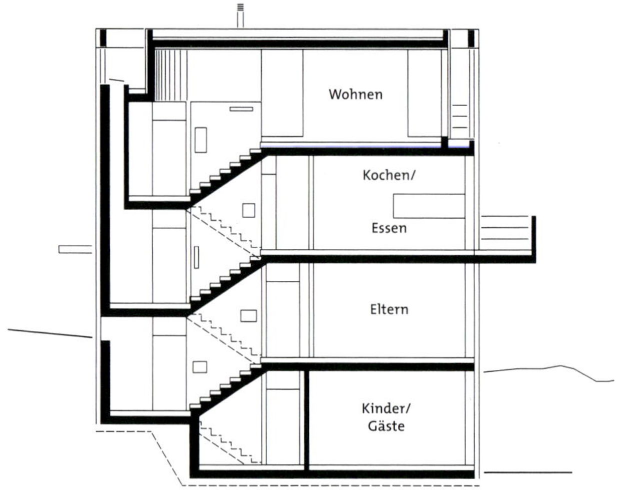

Schnitt

IM PROFIL

- **STANDORT:** 53474 Bad Neuenahr-Ahrweiler
- **BAUHERR:** Dr. Klaus Hehner
- **GRUNDSTÜCKSGRÖSSE:** 217,5 m² (als Teilfläche)
- **GRUNDFLÄCHE:** 63 m²
- **WOHNFLÄCHE:** 143,5 m²
- **ZUSÄTZLICHE NUTZFLÄCHE:** 13 m²
- **ANZAHL DER BEWOHNER:** 4
- **BAUWEISE:** Massivbau / Holzrahmenbau
- **BAUJAHR:** 2003
- **BAUKOSTEN PRO m² WOHN- UND NUTZFLÄCHE:** 1.590 Euro
- **EIGENLEISTUNG:** 5.000 Euro
- **BAUKOSTEN GESAMT:** 250.000 Euro

1:200

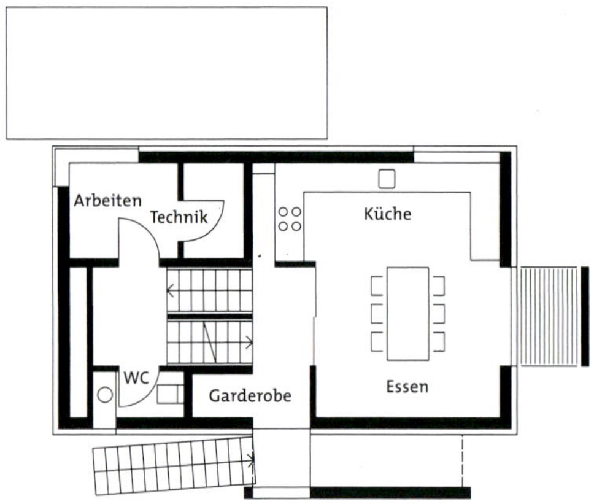

1. Obergeschoss

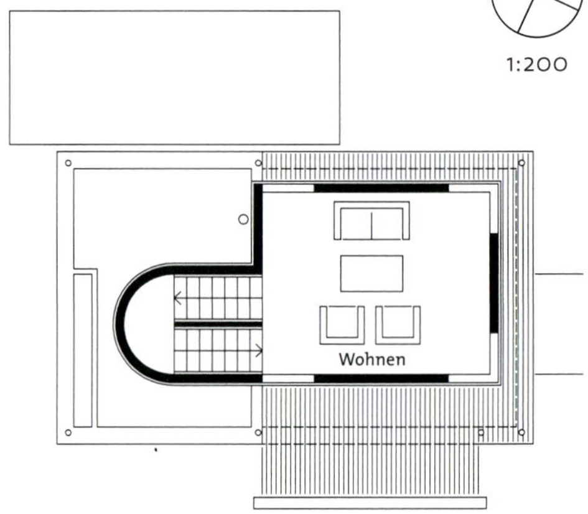

Staffelgeschoss

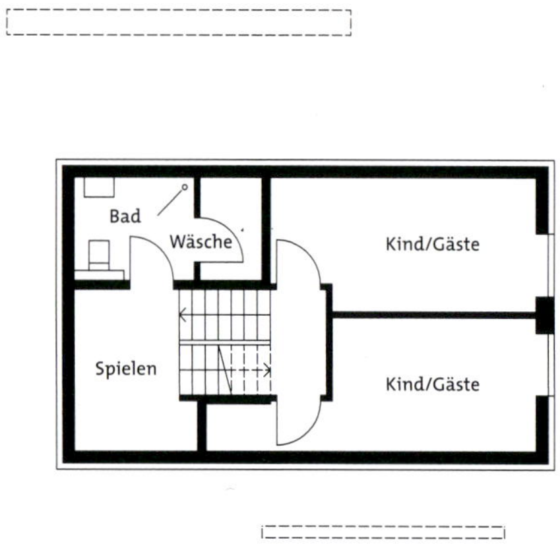

Untergeschoss

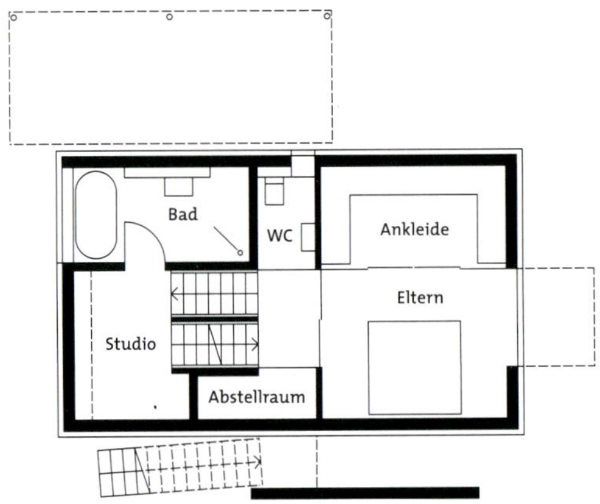

Erdgeschoss

SPARSAM IM UNTERHALT

Die massiven Außenwände besitzen eine tragende Schale, die im Erdgeschoss aus Stahlbeton und in den darüber liegenden Geschossen aus 24 Zentimeter dickem Mauerwerk besteht. Als Staffelgeschoss ist das Dachgeschoss in Holzrahmenbauweise ausgeführt. Eine durchgängige, 12 Zentimeter dicke Dämmung mit Putzschicht hüllt das Gebäude ein, sodass es die gesetzlichen Anforderungen für ein Niedrigenergiehaus erfüllt. Eine Solaranlage zur Warmwasseraufbereitung sowie eine dezentrale Anlage zur Wärmerückgewinnung tragen zur Senkung der Unterhaltskosten bei und sorgen für Badespaß bei den Kindern, die ihre eigene Duschwelt lieben: »Die ›Kreuz- + Quer-Dusche‹ ist toll!«

KLETTERGARTEN

Bereits während der Bauphase wurden zur Abfangung des Geländes zwischen dem Gebäude der Arztpraxis und dem Wohnhaus bis zu 13 Tonnen schwere Basaltfelsen mit dem Schwerlastkran in den Garten gehoben und verbaut. Diese Findlinge mit einem Durchmesser von bis zu 3 Metern ermöglichten die Modellierung eines natürlich wirkenden Geländeverlaufs. Vom untersten Geschoss aus ist den Kindern auf diese Weise ein kleiner geschützter Gartenbereich zugänglich, den sie besonders lieben und stolz als ihren »Klettergarten« bezeichnen. In dem steil gestalteten Gelände ist es somit gelungen, die zur Verfügung stehende Gartenfläche nicht nur optisch zu vergrößern.

Oben links: Als heller, freundlicher Raum lädt das Treppenhaus auch zum Verweilen ein.

Oben Mitte: Auch im Obergeschoss weitet sich der Raum durch diagonale Blickbeziehungen, gläserne Schiebetüren sorgen für Transparenz.

Oben rechts: Raffinierte Details kennzeichnen das Haus im Inneren und setzen sich bis in die Bäder fort.

Unten: Der Felsengarten ist ein Lieblingsplatz der Kinder.

Auf Familienzuwachs angelegt

HAUS KAUFHOLD/BAUER IN BODENHEIM
BGF+ ARCHITEKTEN, WIESBADEN

Links: Die bis zum Dachansatz hochgezogenen Fensterbänder betonen die vertikale Gliederung der Holzfassade. Ein in die Einfriedung integriertes Schiebetor schließt den Carport auf der Nordseite.

Unten: Wie eine Schublade ist der Eingangsbereich im Süden aus dem Baukörper herausgezogen. Die Lamellen im Obergeschoss deuten die Zweigeschossigkeit der Eingangshalle nach außen an.

Links außen: Der durchgängige Sichtbetonkern ist bis unter den First gezogen und enthält alle dienenden Funktionen des Hauses.

Links: Die geradläufige Treppe ist sprichwörtlich in den Kern eingeschnitten. Im Eingangsbereich öffnet sich das Haus über beide Geschosse, wobei die von der Dachkonstruktion abgehängte Stahlbrücke im Obergeschoss eine spannende Untersicht bietet.

Als das Bauherrenpaar die Architekten mit einem nur handtuchschmalen Grundstück – 11 x 26 Meter – in Bodenheim bei Mainz konfrontierte, war von Anfang an klar, dass die Planung des Hauses eine besondere Herausforderung werden würde. Darüber hinaus wünschten sich die Bauherren »ein Haus, in dem unkonventionelle Ideen zu außergewöhnlichen gestalterischen und räumlichen Lösungen führen«. Eine der weiteren Aufgaben, die das junge Ehepaar stellte, bestand darin, für eine zukünftige Familie mit Kindern vorzubauen.

INNERE EXTRAVAGANZ

Die Lösung zu diesem Bündel aus unterschiedlichen Anforderungen ist ein lang gestrecktes, zweigeschossiges Haus mit einem einfachen Satteldach, das von außen nichts von seiner inneren Extravaganz verrät. Die Möglichkeit einer flexiblen Raumaufteilung ist eine der Antworten auf die Frage nach einem Familienhaus, das auf Zuwachs hin angelegt ist. Als zweites Lösungsprinzip ist der zweigeschossige, nur 2 Meter breite und 6 Meter lange, monolithische Kern aus Stahlbeton anzusehen, in dem alle zentralen Funktionen des Hauses zusammengefasst sind. Als plastisch gestalteter, gegossener Block nimmt er Treppen, Küche, Bäder, Technikräume und Einbauschränke auf. Ja sogar die Badewanne besteht aus Sichtbeton und wird damit zum integralen Bestandteil dieses Kerns. Ein großzügiges, flexibel nutzbares Haus entsteht aber erst zusammen mit der Holzrahmenkonstruktion, die ihn als modular geordnete Hülle umgibt. So entstand ein Gebäude ohne Zwischenwände. In beiden Geschossen schließt sich beidseitig des Kerns jeweils ein einziger großer Raum an, der mit 6 Metern die gesamte Breite des Hauses einnimmt. Das offene Raumgefüge im Erdgeschoss beinhaltet einen zur Erschließungsstraße orientierten Wohnraum mit vorgelagerter Westterrasse und im rückwärtigen Teil des Hauses die offene Küche mit einem großzügigen Essraum.

GUT ÜBERBRÜCKT

Die Aufteilung des Obergeschosses zeigt einen nach Süden orientierten Schlafraum und im hinteren Teil einen gleich großen, vorläufig als Büro genutzten Raum, der durch Einfügen einer Zwischenwand in zwei Kinderzimmer aufgeteilt werden kann. Alle dafür erforderlichen Installationen sind bereits eingebaut. Über dem Eingangsbereich bildet eine von der Dachkonstruktion abgehängte Stahlbrücke die Verbindung zwischen dem vorderen und hinteren Großraum im Obergeschoss. Dort wo Raumabschlüsse unbedingt erforderlich sind, übernehmen hölzerne Klappelemente zwischen Kern und Hülle diese Aufgabe, sodass das Haus ganz ohne konventionelle Wände und Türen auskommt. Trotz der beengten Grundstücksmaße wirkt das Gebäude deshalb im Inneren äußerst geräumig.

»Wir haben uns ein Haus gewünscht, in dem unkonventionelle Ideen zu außergewöhnlichen gestalterischen und räumlichen Lösungen führen.«

ESTHER KAUFHOLD UND PATRICK BAUER

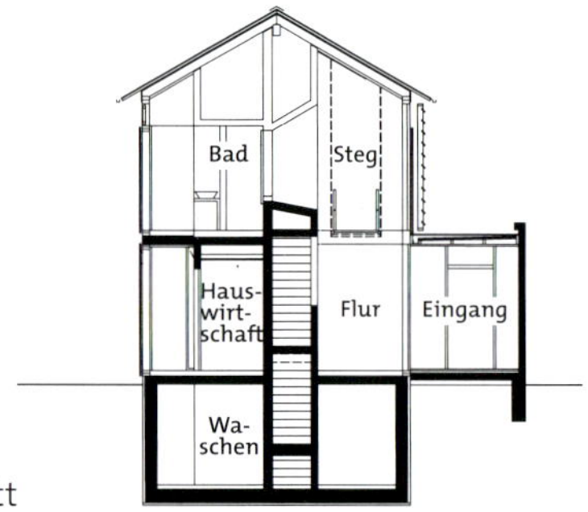

Schnitt

IM PROFIL

- **STANDORT:**
  55294 Bodenheim
- **BAUHERREN:**
  Esther Kaufhold und Patrick Bauer
- **GRUNDSTÜCKSGRÖSSE:** 286 m²
- **GRUNDFLÄCHE:** 105 m²
- **WOHNFLÄCHE:** 256 m²
- **ANZAHL DER BEWOHNER:** 2
- **BAUWEISE:**
  Keller und Kern: Stahlbeton
  Hülle: Holzrahmenbau
- **BAUJAHR:** 2002
- **BAUKOSTEN PRO m² WOHN- UND NUTZFLÄCHE:** 1.436 Euro
- **EIGENLEISTUNG:**
  Malerarbeiten im Keller,
  Pflanzarbeiten im Garten
- **BAUKOSTEN GESAMT:**
  367.500 Euro

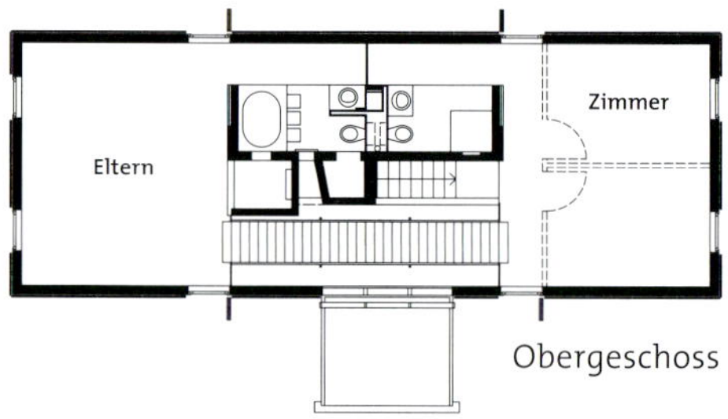

Obergeschoss

1:250

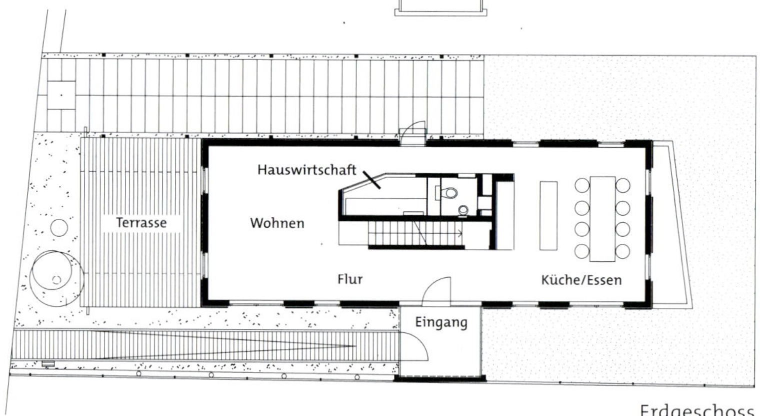

Erdgeschoss
mit Außenanlage

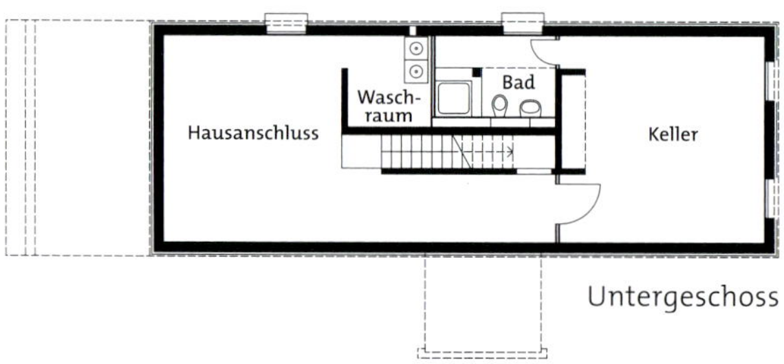

Untergeschoss

WEICHE SCHALE, HARTER KERN

Neugierigen Besuchern fiel während der Bauzeit der merkwürdige Betonklotz auf, der für einige Zeit die Szenerie beherrschte und schon bald den Spitznamen »das U-Boot von Bodenheim« verpasst bekam. Hier war bereits in der Bauphase die radikale Trennung der Funktionen deutlich zu erkennen. Sie ist auch im Materialkonzept ablesbar, bei dem man von einem harten Kern mit einer weichen Schale sprechen kann.

BETON IN MÖBELQUALITÄT

An die Oberflächen des Sichtbetons wurden höchste Anforderungen gestellt, die an Möbelqualität heranreichen sollten. Alle Ecken wurden scharfkantig ausgeführt, wobei die Betoplantafeln die Schalung ohne Dreiecksleisten in den Ecken auskleideten. Da der Kern im Inneren vom Keller bis unter den Dachfirst reicht, bleibt dieses gegossene Architekturelement in seiner kompletten Ausdehnung erlebbar und steht für die individuelle Qualität des Hauses. Die Brettstapeldecken spannen frei über die gesamte Hausbreite und stützen sich auf die Ständer der in Holzrahmenbauweise erstellten Außenwände ab. Im Obergeschoss bildet eine weiß lasierte, geölte Dreischichtplatte aus Lärchenholz den Bodenbelag, während im Erdgeschoss ein Heizestrich aufgebracht wurde. Als Wandbekleidung an einigen ausgewählten Stellen des Kerns wurden furnierte Spanplatten aus Eiche oder Wenge eingebaut und akzentuieren die nackten Betonoberflächen. Mit diesem gleichermaßen originellen wie praktischen Konzept haben die Architekten eine flexible Struktur geschaffen, die auf unterschiedliche und wechselnde Anforderungen einer sich in Gründung befindlichen Familie reagieren kann. Da der Kern bereits alle Versorgungseinrichtungen enthält, ist die weitere Aufteilung der loftartigen Räume ohne großen Aufwand möglich.

Oben links: Die Einbauküche einschließlich des Vorratsschranks wurde sorgfältig in die Aussparungen des Sichtbetonkerns eingepasst.

Oben rechts: Holzklappelemente, die zwischen Kern und Hülle geschaltet sind, ersetzen Türen und Trennwände.

Kleines Stadthaus

HAUS WENDT IN DARMSTADT
JOACHIM WENDT, DARMSTADT

Links: Ein lichtes Grau zeigt im Schattenwurf das Relief der Fichtenholzschalung und belebt die Flächen, die von geschossweise wechselnd angeordneten Öffnungen durchbrochen werden.

Unten: »Durchwohnen« nennt der Fachmann den nach beiden Seiten geöffneten Grundriss, der den Wohnraum ins Grüne verlängert.

Die Dachterrasse ist bei warmen Wetter, besonders auch bei Nacht eine Oase.

Eine kleine Parzelle von nur 245 Quadratmetern in innerstädtischer Lage Darmstadts bot der Familie die Möglichkeit, ihre Vorstellungen von einem kompakten, freundlichen Haus mit guter Raumausnutzung zu realisieren. Die zentrale Lage erschien den berufstätigen Eltern mit schulpflichtigen Kindern besonders wertvoll. Trotz der Begrenztheit der zur Verfügung stehenden Fläche sahen sie die Chance, ein ganzes Haus und sogar noch einen kleinen Garten, in dem man spielen, sonnen und gärtnern kann, zu realisieren. Reihen- und Zweifamilienhäuser der Nachkriegszeit prägen das Quartier, in dem das Gebäude unter geschickter Ausnutzung des Geländeverlaufs eine vorhandene Lücke schließt. Das Grundstück selbst ist lang gestreckt und Nord-Süd-orientiert. Sein Zuschnitt erforderte entwurfliches Geschick und eine Sondergenehmigung für die Grenzbebauung.

GEBOT DER ÖKONOMIE

Energieeffizienz, Flexibilität und niedrige Baukosten waren die Stichworte, die der vierköpfigen Familie wichtig waren; außerdem suchte der Architekt und Bauherr nach einer allgemein gültigen Antwort für das Familienwohnen auf beengter Grundfläche. So entstand ein dreigeschossiges Haus, das in seiner Form Bezug auf die umgebende Bebauung nimmt, sich jedoch bei näherem Hinsehen durch die gewählten Materialien und seine präzise Kontur davon absetzt. »Das Gebot der Ökonomie bezieht sich auf Material, Grundriss und Gestalt, sowie auch auf die Neutralität der Räume, die eine flexible Nutzung zulassen sollten«, erläutert der Architekt die Planungsziele und fügt ergänzend hinzu, dass er eine Vielfalt der Raumeindrücke durch den Wechsel der Orientierung erzielen wollte.

EIN GUTER DREH

Eine klare Zonierung bestimmt den Grundriss: An der Ostwand bilden Eingang, Treppe und Bäder eine Spange mit dienenden Funktionen. Eine Besonderheit ist das Bibliotheksregal, das parallel zur Treppe über die gesamte Höhe des Gebäudes angeordnet ist. Gerade hier ist die wechselnde Belichtungssituation auf dem Weg von unten nach oben erlebbar. »Räumliche Vielfalt entsteht bei der gebotenen Ausnutzung des Grundrisses durch wechselnd angeordnete Fensterflächen, die größtenteils deckenhoch sind. So ergibt sich ein Spiel aus der Verdrehung der Grundrissorientierung um 90 Grad vom Erdgeschoss zum Obergeschoss und vom Obergeschoss zum Dachgeschoss, das unterschiedliche Raumsitu-

»Besonders gelungen finden wir die Verbindung von innen nach außen durch die raumhohen Fenster.«

EVA RIS UND JOACHIM WENDT

»Unser Haus strahlt Offenheit, Freundlichkeit, Wärme, Licht und Ruhe aus.«

EVA RIS UND JOACHIM WENDT

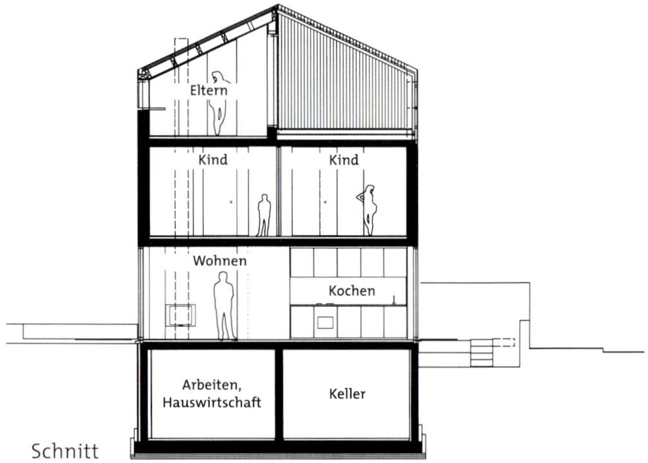

Schnitt

IM PROFIL

- **STANDORT:** 64285 Darmstadt
- **BAUHERREN:** Eva Ris und Joachim Wendt
- **GRUNDSTÜCKSGRÖSSE:** 245 m^2
- **GRUNDFLÄCHE:** 57,5 m^2
- **WOHNFLÄCHE:** 143 m^2
- **ZUSÄTZLICHE NUTZFLÄCHE:** 27 m^2
- **ANZAHL DER BEWOHNER:** 4
- **BAUWEISE:** Holzrahmenbau
- **BAUJAHR:** 2003
- **BAUKOSTEN PRO m^2 WOHN- UND NUTZFLÄCHE:** 1.280 Euro
- **EIGENLEISTUNG:** ca. 7.000 Euro (Malerarbeiten, Außenraumgestaltung)
- **BAUKOSTEN GESAMT:** 220.000 Euro

1:200

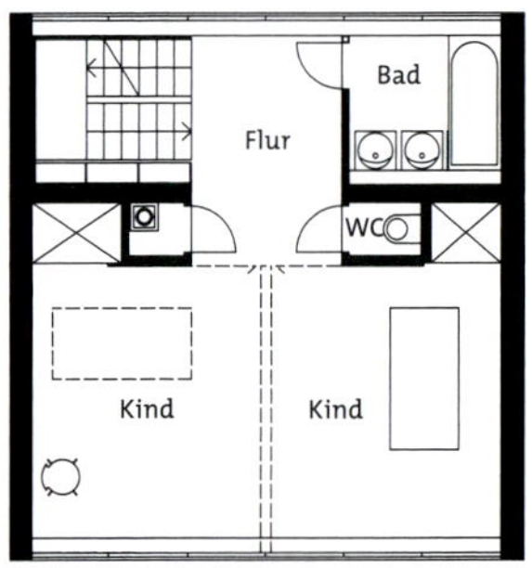

Obergeschoss

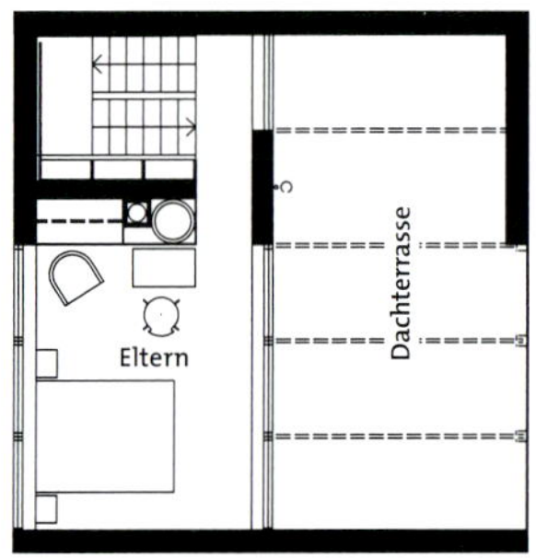

Dachgeschoss

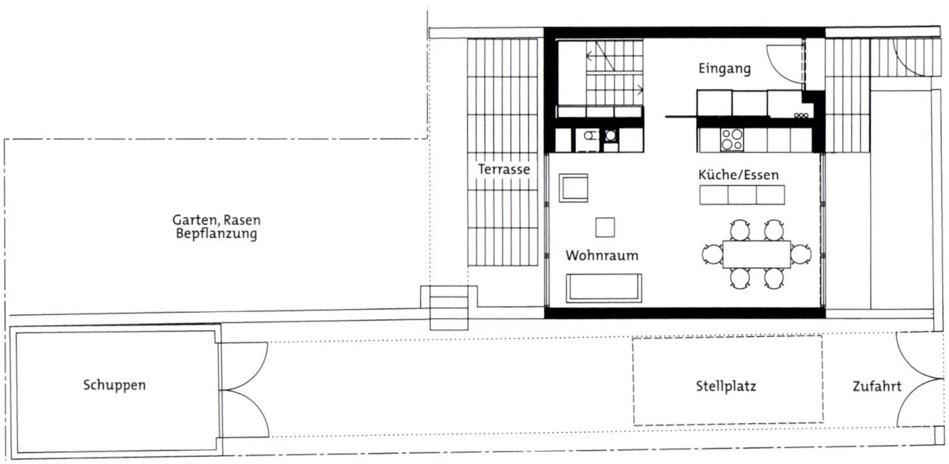

Erdgeschoss

ationen ermöglicht«, erläutert der Architekt und Bauherr das Entwurfsprinzip. Und tatsächlich: Die geschossweise wechselnde Orientierung der Räume bewirkt unterschiedliche Raumqualitäten. Der große Wohn-, Ess- und Küchenbereich im Erdgeschoss nimmt die Nord-Süd-Orientierung des Grundstücks auf, damit der Garten zum »verlängerten grünen Wohnzimmer« wird, während das Obergeschoss für die Kinder Ost-West-orientiert ist und von der Morgen- und Abendsonne profitiert. Das Elternschlafzimmer im Dachgeschoss ist wiederum Nord-Süd gerichtet mit großer Dachterrasse auf der Südseite, die als geschützter Freibereich den Luxus eines privaten Sonnendecks bietet. Der Logik dieser Systematik folgend erhält der Hauswirtschaftsraum im Untergeschoss Licht von Westen. Ein zusätzliches Bad ermöglicht hier flexible Nutzungen. »Jeder für sich und doch zusammen«, so beschreibt die Bauherrin die Organisation des Hauses, in dem die einzelnen Bereiche für das Familienwohnen, das Arbeiten, die Kinder, die Eltern und einen Gast durch die Lage auf verschiedenen Geschossen zwar räumlich getrennt, über den Treppenraum jedoch auch zusammengefasst sind.

KOSTEN SPARENDE VORFERTIGUNG

Innerhalb von nur zwei Tagen wurden die aus Holz vorgefertigten Wand-, Decken- und Dachelemente montiert. Die hinterlüftete Fassade hat eine Wetterschale aus grau beschichteter, sägerauer Fichte, in die die Holz-Aluminium-Fenster flächenbündig eingesetzt sind. Der Innenraumeindruck wird von den weißen Wänden, der Holzuntersicht der Decken und einem dunkel pigmentierten Sichtestrich bestimmt. Mit der Farbe Rot setzen sich Küche und Bäder ab. Treppe und Regal zeigen ihre Sperrholzkonstruktion.

»Nur zu!«, so fordern die Bauherren ihre Freunde auf, selbst zu bauen. »Aber nicht ohne Architekten«, fügen sie als Empfehlung hinzu.

Oben links: Küche und Essbereich gehen in dem offen gehaltenen Wohngeschoss ineinander über.

Oben Mitte: Eine vertikale Bibliothek bildet das Bücherregal, das die Treppe vom Untergeschoss bis ins Dachgeschoss begleitet.

Oben rechts: Eine Wand als Tafel – das ist wirklich eine gute Idee auf dem Kindergeschoss.

Maßanfertigung für vier

HAUS DR. RÖSLER IN NÜRNBERG-GROSSGRÜNDLACH
A.ML UND PARTNER, NÜRNBERG

Links: Geschosshohe Glaswände mit Schiebeelementen aus Holz als Sonnenschutz ermöglichen es, den Wohnraum auf voller Länge zum Garten zu öffnen, sodass das Wohnen bei schönem Wetter auch unter freiem Himmel stattfinden kann.

Unten: Eher geschlossen zeigt sich das Haus zur Straße. Der aus der Fassadenebene hervorspringende Portikus signalisiert den Eingang.

In der Dämmerung und bei Nacht erweisen sich die vorgezogenen Holzschiebeelemente als Sichtschutz und gewährleisten den Bewohnern im erleuchteten Inneren das notwendige Maß an Privatheit.

Großgründlach, zwischen Erlangen und Nürnberg gelegen, ist ein Ort mit dörflichem Charakter, in dem sich die Familie bereits wohl fühlte, als sie noch zur Miete wohnte. Im Rahmen einer städtebaulichen Nachverdichtung wurde ein großes Grundstück in drei Parzellen unterteilt, von denen sie eine erwerben konnten. Ein Landschaftsarchitekt im Bekanntenkreis machte sie auf den Architekten aufmerksam. »Wir haben uns anfangs sehr viel Zeit mit der Planung gelassen und gemeinsam mit dem Architekten alles bis ins kleinste Detail sehr genau überlegt – das würde ich auch anderen Bauherren empfehlen. Das Haus ist jetzt optimal auf unsere Bedürfnisse zugeschnitten – genau das, was wir uns immer gewünscht haben. Es ist wie ein Maßanzug, der einfach perfekt sitzt!«, so berichtet der Bauherr über die Entstehungsgeschichte des Hauses.

EINFACHE FORMENSPRACHE

Die Bauherren wollten von Anfang an ein modernes, geradliniges Haus. Es sollte massiv sein mit schlichten, weiß geputzten Wänden. »Unser Haus sollte kein Designobjekt werden, sondern alltagstauglich und belastbar sein«, darin waren sie sich einig. Das Spiel mit Licht und Schatten, mit Offenheit und Geschlossenheit wurde zum Leitmotiv des Entwurfs: Nach Süden ist das Haus großzügig verglast, transparente Flächen und Mauerscheiben wechseln sich ab; Schiebeläden lassen sich je nach Bedarf öffnen und schließen, sodass die Fassade, aber auch die Innenräume immer wieder anders erscheinen. »Ich genieße in unserem Haus die vielen Fluchten, die Ausblicke in den Garten ermöglichen«, meint die Bauherrin. Äußere Kraft gewinnt der Bau aus der Reduktion von Form und Material. Kühles Weiß und unbehandeltes Lärchenholz prägen als sichtbare Materialien den scharfkantigen Umriss dieses fränkischen Langhauses. Archaisch einfach wirken die Giebelseiten mit dem massiven Ortgang, der keinen Dachüberstand benötigt. Auch traufseitig zeigt sich das Haus äußerst kompakt. Das geschuppte Dach aus Betonsteinplatten interpretiert ebenfalls eine traditionell vorhandene, regionale Bauweise – nämlich die Steindächer Frankens. Die Fassaden sind mit liegenden Formaten im Obergeschoss und geschosshohen Fenstern und Schiebetüren im Erdgeschoss seriell gegliedert, die als moderne Elemente den Massivbau großzügig öffnen. Als einziges plastisches Element tritt ein hölzerner Portikus aus dem ansonsten mit flächenbündigen Türen und Fenstern geschlossenen Volumen hervor. Schiebeläden mit Lärchenholzlamellen bilden einen wirksamen Sonnenschutz für den nach Süden orientierten Wohnraum und verhindern fremde Einblicke.

»Wir leben von drinnen nach draußen.«
CHRISTIANE HORN-RÖSLER

»Unser Haus ist wie ein Maßanzug, der einfach perfekt sitzt.«

DR. WOLF RÖSLER

GASTFREUNDLICH

Im Inneren fällt das lichtdurchflutete, geräumige Treppenhaus auf, das unmittelbar vom Eingangsbereich aus die Zimmer im Obergeschoss mit den Wohnräumen im Erdgeschoss und dem Keller verbindet. »Den Eingangsbereich finden wir ausgesprochen familienfreundlich: Man hat viel Platz, auch wenn mehrere Leute auf einmal kommen, zum Herumstehen, zum Begrüßen. Und der dunkle Fliesenbelag ist nicht nur schön, sondern auch belastbar«, erklären die Bauherren. Wie eine Insel steht die Küche frei im Raum und kann durch Schiebetüren vom anschließenden Ess- und Wohnbereich abgetrennt werden. Ein zentraler Treffpunkt für die Familie ist der große rechteckige Esstisch, an dem bis zu zehn Personen Platz finden. Räumlich zugeordnet ist der Wohnraum, zu dessen behaglicher Atmosphäre eine Holzfeuerstelle beiträgt. Rechts vom Treppenhaus bietet das separate Arbeitszimmer eine Rückzugsmöglichkeit in dem ansonsten ganz dem Familienleben gewidmeten Erdgeschoss.

LEBEN VON INNEN NACH AUSSEN

Wie eine Maßanfertigung für vier wirkt das Obergeschoss, in dem jeweils links und rechts des Treppenhauses zwei nach Süden orientierte Kinderzimmer angeordnet sind. Der Westgiebel wird über die gesamte Breite des Hauses vom Elternschlafzimmer eingenommen. Zwei Bäder sind über einen Flur im Norden miteinander verbunden. Funktionale Qualität gewinnt der Grundriss auch durch eine sorgfältige Detaillierung, die möglichst genau auf die Abmessungen der Einrichtungsgegenstände abgestimmt ist. Das dicke Mauerwerk der Außenschale und die Innenwände bilden Nischen und Laibungen für den passgenauen Einbau von Türen, Fenstern, Schränken und Bädern. Dabei stellen die Außenwände keine Barriere zwischen innen und außen dar, sondern beziehen den Freiraum in das Wohnerlebnis mit ein. Dies gilt für die hölzernen Schiebeelemente ebenso wie für den 1,50 Meter breiten Holzsteg, der über die gesamte Gebäudelänge verläuft. Er bildet eine Zwischenzone im Übergangsbereich zwischen innen und außen und wird unterschiedlich genutzt: als erweiterter Wohnraum im Freien, als Sitzplatz, zum Spielen, aber auch als äußerer Erschließungsweg zwischen den einzelnen Räumen im Erdgeschoss.

Oben: Mehr als nur ein Vordach über der Haustür bietet der sorgfältig gestaltete Eingangsbereich mit Trittstufe und seitlichem Wind- und Blickschutz. Klingelanlage, Briefkasten und Beleuchtung sind hier vorbildlich integriert.

Bequem und großflächig sind die gläsernen Schiebeelemente zwischen Wohnraum und Garten zu öffnen. Frühstück, Mittagstisch und Kaffeetafel im Freien werden so zu einem Genuss, der allein vom Wetter abhängig ist.

Oben und rechts: Für Mußestunden bietet der große Wohn-/Essbereich die unterschiedlichsten Winkel, sei es zum Musizieren oder auch zum Zeitunglesen am halb offenen Fenster.

»Wir finden den Steg an unserem Haus besonders toll«

JAN, 17 JAHRE UND HANNAH, 9 JAHRE

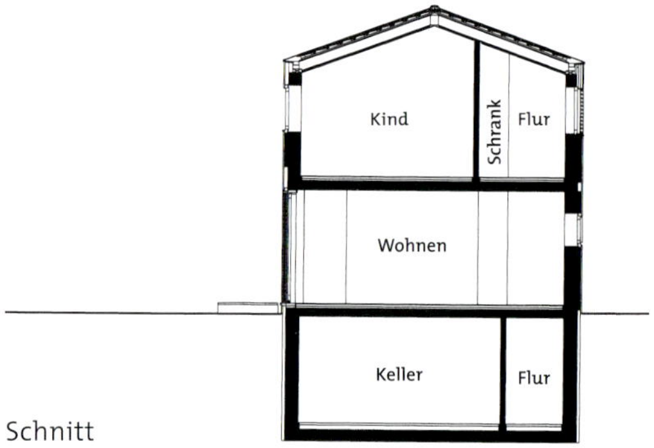

Schnitt

IM PROFIL

- **STANDORT:** 90427 Nürnberg-Großgründlach
- **BAUHERREN:** Familie Dr. Rösler
- **GRUNDSTÜCKSGRÖSSE:** 479 m²
- **GRUNDFLÄCHE:** 105 m²
- **WOHNFLÄCHE:** 156 m²
- **ZUSÄTZLICHE NUTZFLÄCHE:** 23 m²
- **ANZAHL DER BEWOHNER:** 4
- **BAUWEISE:** Massivbau
- **BAUJAHR:** 2001
- **BAUKOSTEN PRO m² WOHN- UND NUTZFLÄCHE:** 1.056 Euro
- **BAUKOSTEN GESAMT:** 255.650 Euro (inkl. Müllbox, Garage, Küche, Garderobe)

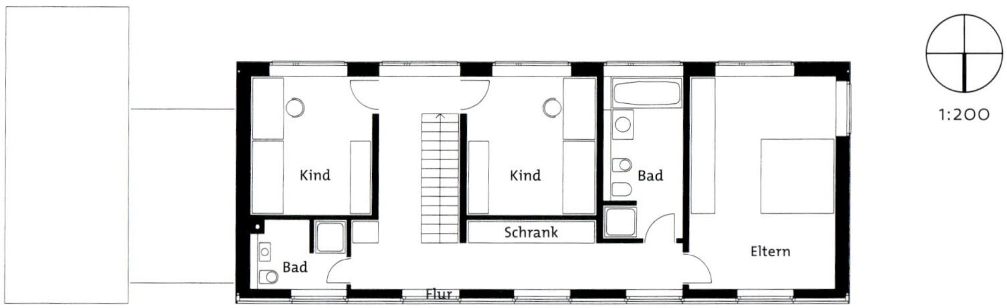

Obergeschoss

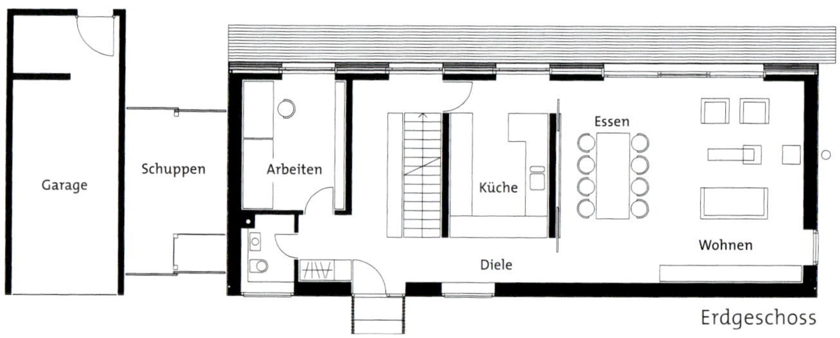

Erdgeschoss

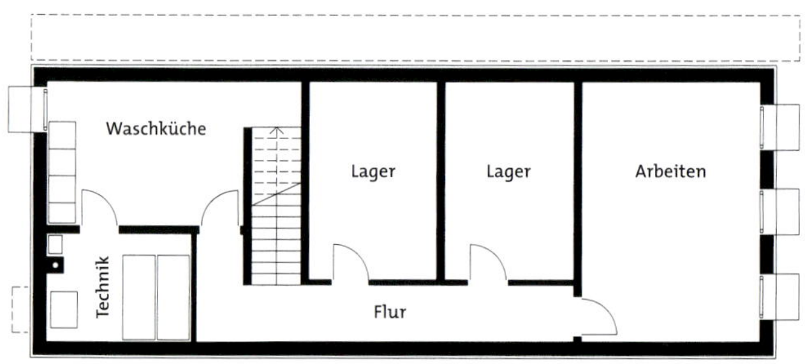

Untergeschoss

Links außen und links: Ein eigenes Zimmer ist der Traum jedes Jugendlichen und bietet die Voraussetzung zur Entfaltung individueller Interessen. Die Rückzugsmöglichkeit der Kinder in eine Privatsphäre erleichtert das Zusammenleben der ganzen Familie unter einem Dach.

Oben und rechts: Ein großzügiges Raumgefühl im Obergeschoss entsteht dadurch, dass der Raum bis unter den Dachfirst genutzt wird. Das Elternzimmer nimmt die gesamte Breite des Hauses ein.

Schwarzes Schmuckkästchen

HAUS HAIDER IN TEUBLITZ
FABI ARCHITEKTEN, REGENSBURG

Links: *Wie Silberringe auf schwarzem Samt wirken die Fensterrahmen aus Aluminium in der dunklen Putzfassade des schmucken kleinen Hauses.*

Unten: *Ziemlich geschlossen erscheint die Nordfassade. Sorgfältig ausgeführte Details wie das Vordach über dem Eingang und die Anordnung des Regenfallrohrs bewirken dennoch einen harmonischen Gesamteindruck.*

Kies dient als Abstandsfläche zwischen Putz und Gras und bildet das Bett für einen holzbeplankten Gehweg.

Wie finden wir einen passenden Architekten, mit dem wir bauen wollen? Diese Frage steht für viele Familien am Anfang des Projekts »Hausbau«. In diesem Fall hat der Zufall nachgeholfen, wie der Bauherr berichtet: »Ich bin Goldschmied und hatte gerade einen Kunden bei mir, der für seine Frau ein Geburtstagsgeschenk suchte. Nebenbei erzählte er mir, dass er sich mit dem Gedanken beschäftigt, ein Haus zu bauen. Ich sagte ihm, dass auch wir seit einem Jahr mit dieser Idee schwanger gehen und ein Grundstück brach liegen haben.« Sie hätten die Sache aber wieder auf Eis gelegt, da sie keinen wirklichen Plan hätten, um einen Architekten zu finden und von den scheußlichen Bauträgerergebnissen überhaupt nicht überzeugt seien. An dieser Stelle konnte der Kunde helfen: Er erzählte, draußen würde gerade »sein Architekt« warten, mit dem er zum Frühstück verabredet sei. Nachdem man sich kurz vorgestellt hatte und der Architekt dem Goldschmied seine Internetadresse gegeben und ihm empfohlen hatte, seine Gebäude dort anzuschauen, war die Sache klar. »Das war eine absolute Befreiung«, berichtet der Bauherr, »die Wohnhäuser waren genau so, wie wir uns unser Haus immer vorgestellt haben – es aber nicht formulieren konnten.«

STRESSFREI BAUEN

Bereits zwei Monate nach dem ersten Zusammentreffen im Oktober 2003 waren der Entwurf und die Baueingabe fertig gestellt. Von Januar bis Februar folgte die Werkplanung, danach die Ausschreibungen. »Wir hatten ja überhaupt keine Ahnung, was das alles beinhaltet ...«, kommentieren die Bauherren den zügigen Planungsablauf. Sie konnten bereits im April 2004 mit dem Bauen beginnen. »Das ganze Projekt war für uns relativ stressfrei, da wir unseren Architekten mit der kompletten Bauleitung beauftragt hatten und er sich um den Ablauf, die Firmen und das Beheben von kleinen Qualitätsproblemen kümmerte.« Nach dem Richtfest Ende Mai wurden die sichtbaren Fortschritte auf der Baustelle langsamer. Nach sechs Monaten Bauzeit, also Anfang Oktober, war das Haus bezugsfertig, wobei die Kosten exakt eingehalten wurden. Mittlerweile sind die Bauherren und der Architekt freundschaftlich miteinander verbunden und amüsieren sich gemeinsam über die kopfschüttelnden Statements der Nachbarn, die sich über das schwarze Haus wundern. Aber auch professionelle Kritiker sind verblüfft, nachdem sie das Gebäude von innen gesehen haben.

KOMPAKTES RAUMWUNDER

Mit seinem schwarzen Putz hebt sich das Haus stark von der Umgebung ab und nimmt deshalb eine Sonderposition in dem Neubaugebiet vor den Toren der Stadt Regensburg ein. »Die Fensterrahmen aus Aluminium kontrastieren mit dem dunklen Putz wie ein Silberring auf schwarzem Samtgrund«, so beschreibt der Architekt die Details der schlichten und doch wirkungsvollen Fassadengestaltung. Der Eingang im Norden öffnet sich zu Diele und Treppenhaus und überrascht

»Die Architektur war den Kindern ziemlich egal. Wichtiger war ihnen, dass jeder sein eigenes Zimmer bekommt, das er nach seinen Vorstellungen einrichten darf. Im Nachhinein finden sie ihr Haus aber total cool.«

ELFI UND HELMUT HAIDER

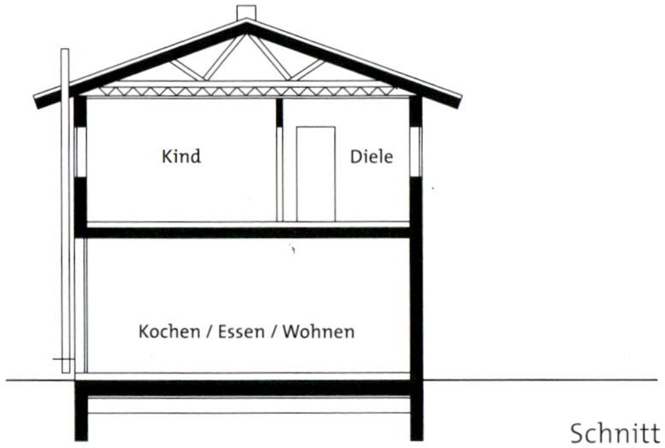

Schnitt

IM PROFIL

- **STANDORT:**
  93158 Teublitz
- **BAUHERREN:**
  Elfi und Helmut Haider
- **GRUNDSTÜCKSGRÖSSE:** 860 m^2
- **GRUNDFLÄCHE:** 87,5 m^2
- **WOHNFLÄCHE:** 145 m^2
- **ZUSÄTZLICHE NUTZFLÄCHE:** 9 m^2
- **ANZAHL DER BEWOHNER:** 4
- **BAUWEISE:**
  Massivbau
- **BAUJAHR:** 2004
- **BAUKOSTEN PRO m^2 WOHN- UND NUTZFLÄCHE:** 1.250 Euro
- **BAUKOSTEN GESAMT:**
  192.500 Euro

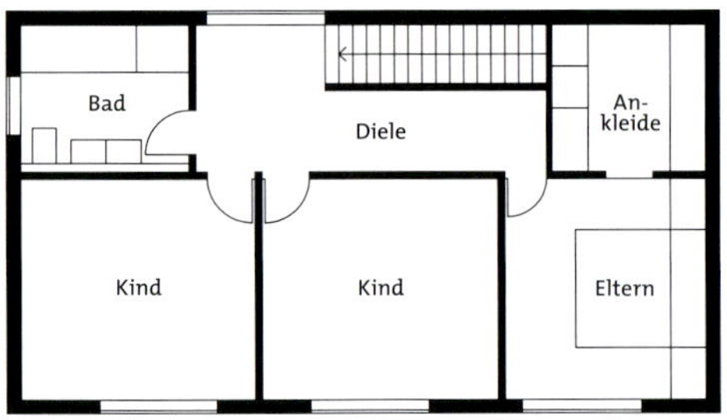

Obergeschoss

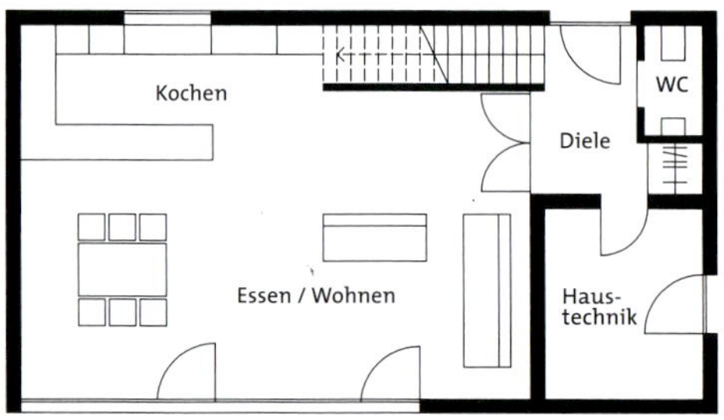

Erdgeschoss

durch den Ausblick in einen hellen und großzügigen Koch-Wohn-Essbereich, der mit 51 Quadratmetern fast das gesamte Erdgeschoss einnimmt. Nach Süden scheint sich der Wohnraum durch einen niveaugleich angeordneten, in Kies gebetteten Holzbelag ins Freie hinaus zu erweitern. Geschosshohe Glasflächen mit zwei Türen zur Terrasse bilden einen transparenten Übergang zwischen innen und außen. Einen Keller gibt es nicht. Der kleine Haustechnikraum im Erdgeschoss ist die einzige Nebennutzfläche innerhalb des Gebäudes. Ein geräumiger Schuppen im Garten übernimmt die Funktion des Kellers, sodass im Haus selbst Platz ausschließlich fürs Wohnen geschaffen werden konnte. Die geradläufige Treppe führt hinauf zu den Schlafzimmern. Mit jeweils 14 Quadratmetern sind die Kinderzimmer ausreichend groß. Zwar war den beiden Söhnen die Architektur des Hauses gleichgültig, sie haben aber Wert darauf gelegt, dass sie ihre Zimmer selbst einrichten durften. Eine praktische Ankleide ersetzt den Kleiderschrank im Schlafraum der Eltern. Ohne räumlich beengt zu wirken, bietet das Haus den vollen Komfort für eine vierköpfige Familie und erweist sich somit auf kleiner Grundfläche als wahres Raumwunder.

EINFACHE TECHNIK

Massives Ziegelmauerwerk bildet die Tragschale der Außenwand, während ein Wärmedämmverbundsystem aus Isolierung und Putz das Haus als wind- und regendichte Hülle umgibt. Weil die Decken von Außenwand zu Außenwand gespannt sind, konnten alle Innenwände als nicht tragende Wände ausgebildet werden, sodass sich die Raumaufteilung bei Bedarf verändern lässt. Der leichte Dachstuhl aus Nagelbindern ist als Kaltdach konzipiert und trägt eine anthrazitfarbene Dachsteindeckung. Die Solarthermieanlage auf dem Dach erwärmt das Brauchwasser und dient auch zur Unterstützung der Heizung mit Gasbrennwerttherme. »So klein wie möglich, aber so groß wie nötig« war der Wunsch der Familie – und tatsächlich: mehr Haus braucht es nicht.

Oben links: Unmittelbar vom Eingangsbereich führt die geradläufige Treppe zu den Individualräumen im Obergeschoss.

Oben rechts: Der Wohn-Essraum erweitert sich über die niveaugleich angelegte Holzterrasse ins Freie und gewinnt dadurch eine unerwartete Großzügigkeit.

Alles unter Dach und Fach

HAUS ALTMANN-KARST IN KÄMPFELBACH-ERSINGEN
NICOLE HEMMINGER, PFORZHEIM

Links: Als gelungene Neuinterpretation der Holzfachwerkbauweise fügt sich der einfache Baukörper harmonisch in die gewachsene Siedlungsstruktur. Durch geschickte Ausnutzung des Grundstücks verbleibt ein großer, nach Süden orientierter Garten als Paradies für Groß und Klein.

Unten: Der offene Carport orientiert sich zum Straßenraum. Eine Vorzone als halb öffentlicher Bereich sorgt für Distanz zum privaten Garten.

Links außen: Der Dielenboden aus massivem Kirschbaumholz setzt sich auch in der offenen Küche fort. Ein raumhoher Schrank mit Schiebetüren trennt sie vom Essbereich.

Links: Vertikale Lamellen aus Kirschbaumholz schirmen die offene Treppe zum Wohnraum hin ab.

Am Rande des Kraichgauer Hügellands, das die Ausläufer des nördlichen Schwarzwalds bildet, ungefähr 10 Kilometer von Pforzheim und 20 Kilometer von Karlsruhe entfernt, liegt die Gemeinde Kämpfelbach. Das Grundstück, auf dem die Familie Altmann-Karst ihr neues Domizil errichtete, befindet sich auf der Talsohle des gleichnamigen Kämpfelbachs. Eine lockere Bebauung mit Wohnhäusern aus den 1970er Jahren prägt die unmittelbare Umgebung des Grundstücks. Der Ortskern mit Läden, Kindergarten, Schulen und S-Bahn-Anschluss ist von hier aus zu Fuß zu erreichen. Die besondere Wohnqualität ergibt sich aus der Kombination der gewachsenen dörflichen Struktur mit einer guten Verkehrsanbindung an die Städte Karlsruhe und Pforzheim sowie dem hohen Naherholungswert, den das Wohnen im Grünen bietet. Die Bauherrin sagt dazu: »Trotz seiner zentralen Lage ist das Grundstück in einer Nebenstraße sehr ruhig. Die Selbstständigkeit unserer beiden Kinder wird durch kurze Wege zur Schule, zum Kindergarten und zum Kinderspielplatz gefördert, da sie diese Strecken unbeaufsichtigt zurücklegen können. Ich selbst kann kurz vor Ladenschluss noch schnell ein Brot in der Bäckerei kaufen.«

RAUM FÜR DEN GARTEN

Die annähernd quadratische, beidseitig von grenzständigen Nachbargaragen flankierte Parzelle wurde so eingeteilt, dass der lange schmale Baukörper möglichst nahe an die nördliche Grundstücksgrenze rückt, um sich zum Garten nach Süden zu öffnen. Ein von der Straße fast uneinsehbarer Freiraum entsteht dadurch, dass der Carport und ein Geräteschuppen als Grenzbebauung unmittelbar an die Garage des Nachbarn anschließen. Der private Garten ist gegenüber dem Straßenniveau um zwei bis drei Stufen angehoben und wird von einer Sichtbetonwand zur Straße hin abgeschirmt. »Einsicht ist nicht möglich, Aussicht hingegen schon«, beschreibt die Architektin den geschützten Charakter des Gartens. »Auf der Gartenseite wurde auf Zäune verzichtet, so wirkt das Grundstück optisch größer. Die Giebelansicht und die Dachneigung des Wohngebäudes erinnern an ortstypische Fachwerkhäuser.«

WOHNEN AUF VIER EBENEN

Nicht nur, weil das Grundstück relativ klein ist, sondern auch, weil ihnen ökologische Aspekte wichtig sind, wünschten sich die Bauherren ein möglichst kompaktes Haus mit minimalen Verkehrsflächen. Deshalb wurde in die Höhe gebaut und der Raum vom Keller bis unter das Dach voll ausgenutzt. Neben dem Keller bietet das Untergeschoss einen Hauswirtschafts- und einen Hobbyraum. Sechs Stufen führen auf der Nordseite zu einem außen liegenden, dem Eingang vorgelagerten Podest. Durch die Haustür gelangt man unmittelbar in einen »Allraum« mit offener Küche und viel Platz zum Essen, Wohnen und Festefeiern. »Das Wohnzimmer mit viel Ausblick auf die Umgebung, aufs Grün und den Wald«, ist der erklärte Lieblingsplatz der Bauherrin. Eine offene Loggia im Südwest-

»Unser Haus ist sehr praktisch und sieht durch die geschickte Grundrissorganisation sehr großzügig aus. Auf kleinem Raum hat jeder für sich viel Platz und trotzdem noch viel Grün und Garten.«

FAMILIE ALTMANN-KARST

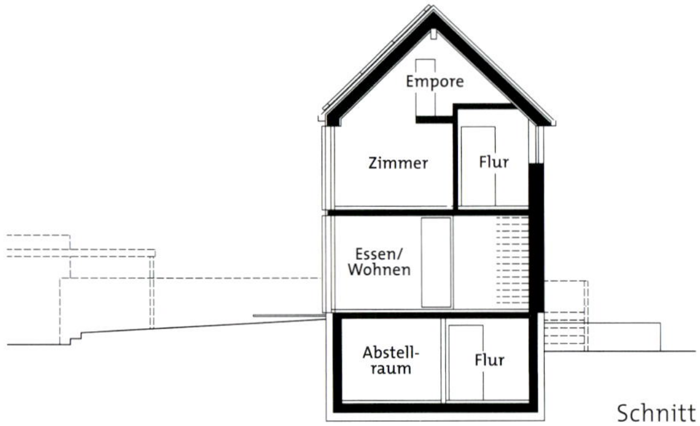

Schnitt

IM PROFIL

- **STANDORT:**
  75236 Kämpfelbach-Ersingen
- **BAUHERREN:**
  Familie Altmann-Karst
- **GRUNDSTÜCKSGRÖSSE:** 436 m^2
- **GRUNDFLÄCHE:** 83 m^2
- **WOHNFLÄCHE:** 140 m^2
- **ZUSÄTZLICHE NUTZFLÄCHE:** 78 m^2
- **ANZAHL DER BEWOHNER:** 4
- **BAUWEISE:**
  Holzrahmenbau
- **BAUJAHR:** 2002
- **BAUKOSTEN:**
  keine Angaben

1:250

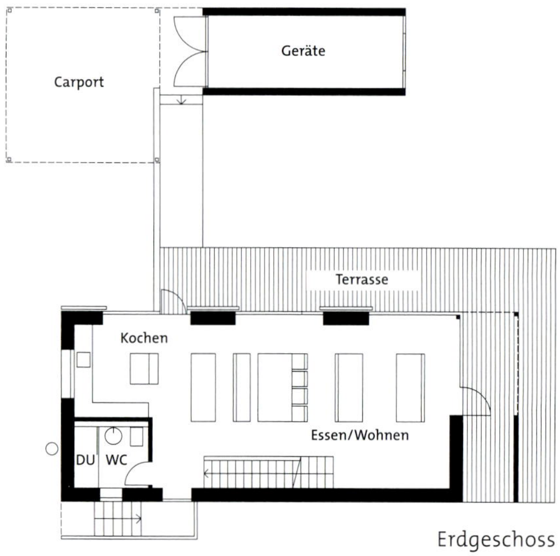

Erdgeschoss

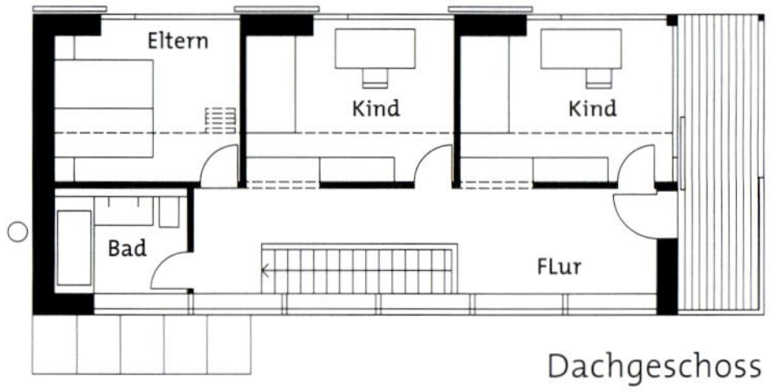

Dachgeschoss

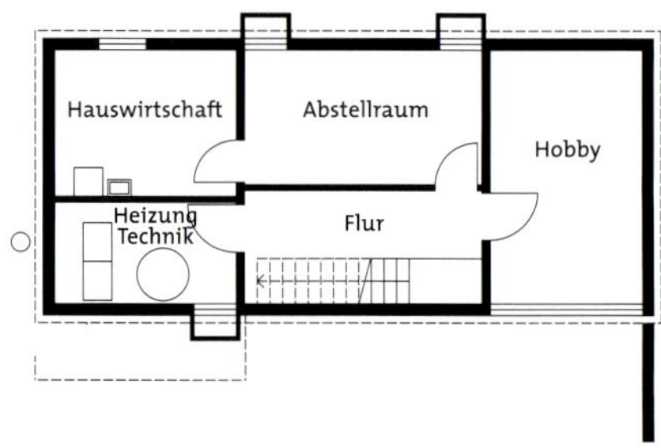

Untergeschoss

Am Esstisch versammelt sich die Familie nicht nur zu den Mahlzeiten. Hier können die Kinder lesen, spielen und Hausaufgaben machen. Raumhohe Glastüren verbinden Küche und Wohnbereich mit der holzgedeckten Terrasse.

giebel sorgt dafür, dass die Terrasse in diesem Bereich durch den darüber liegenden Balkon vor Regen geschützt ist. Hier kann die Familie auch bei bedecktem Himmel den Aufenthalt im Freien genießen. Die Schlafräume im Obergeschoss sind gegenüber der breiten Erschließungsspange durch Einbauschränke abgetrennt. Ein zusätzliches Raumangebot von bis zu 6 Quadratmetern entsteht durch eine über die ganze Länge des Hauses eingezogene, multifunktionale Empore direkt unter der Dachschräge. Damit stehen den Familienmitgliedern insgesamt vier Ebenen zur Verfügung, auf denen sie unterschiedlichsten Aktivitäten nachgehen können. Als besonders gelungen empfinden die Bauherren die Grundrissorganisation mit großzügig wirkenden Innenräumen: »Auf kleinem Raum hat jeder für sich viel Platz und trotzdem haben wir noch viel Grün und einen Garten.«

ENERGIE-EFFIZIENTES FACHWERK

Holzfachwerk über einem massiven Sockel ist eine altbewährte Bauweise und prägt auch das Ortsbild von Kämpfelbach. Als Füllmaterial für die Gefache verwendete man früher beispielsweise auch Lehm, der durch ein Weidengeflecht stabilisiert wurde. Die Gefache dieses neuen Fachwerkhauses sind mit dicken Dämmschichten aus Zellulose befüllt. Mit brettschichtverleimten Rahmenstielen und einer wind- und regendichten Außenschale erfüllt die »Fachwerkbauweise« heute auch erhöhte Anforderungen an den baulichen Wärmeschutz und erreicht, wie bei diesem Beispiel, sogar den Passivhausstandard. Holz bestimmt den Charakter des Hauses, sowohl von innen als auch von außen. Die Wetterschale besteht aus horizontalen, im Querschnitt rhombenförmigen Lärchenholzleisten. Die geschosshohen Glasflächen lassen sich durch Schiebeläden vollständig schließen. Im Erdgeschoss kann man selbst bei vorgezogenen Schiebeläden noch durch die schmalen Fugen zwischen den Lärchenholzleisten hindurchsehen, die auch an heißen Sommertagen für eine ausreichende Belichtung im Inneren sorgen. Im Schlafbereich wurden die Lärchenholzleisten auf eine geschlossene Platte gesetzt, sodass die Zimmer vollständig verdunkelt werden können. Massivholzböden aus Kirschbaumholz und die Farbe Weiß bestimmen den Eindruck der Innenräume. Das Haus ist mit einer kontrollierten Lüftung ausgestattet, den Restwärmebedarf deckt ein Holzpelletofen ab. Thermische Kollektoren auf dem Dach dienen der Warmwasserbereitung, während der Strom aus der Fotovoltaikanlage ins Netz eingespeist wird.

»Gar nichts« haben die Bauherren ihren Freunden zu empfehlen, die selbst bauen wollen, »denn das muss jeder selbst entscheiden.« Gut fanden sie allerdings, dass vor Beginn der Bauphase alles geplant war, sogar Fliesen und Küche.

Reminiszenz in Schwedenrot

HAUS SCHRÄTZLMAYR IN INGOLSTADT
HANS FINSTERER JR., GEISENFELD

Links: Eine Schwelle aus Holz weitet sich zur Terrasse und verzahnt das Haus auf der Südseite mit dem Grün. Auch die raumhohen Fensteröffnungen im Erd- und Obergeschoss sind auf den Garten ausgerichtet.

Unten: Kompakt, einfach und klar steht der Baukörper in der Landschaft und erinnert nicht nur mit der Farbe an ein Schwedenhaus.

Längs verlegte Holzdielen stecken den Innenraum optisch und schaffen fließende Übergänge zwischen Wohnküche und Wohnraum.

Wie baut man für einen Schreinermeister, dessen liebstes Urlaubsziel Schweden ist? Die Antwort ist so einfach und überzeugend wie das Haus selbst, nämlich schwedenrot und aus Holz. Das Haus liegt am Ortsrand von Ingolstadt in einer ruhigen Wohngegend namens Hagau. Auf dem Grundstück steht bereits ein Gebäude aus den 1970er Jahren. Der verbleibende Gartenanteil ließ durch seine Größe eine Bebauung in zweiter Reihe zu. Da das Grundstück im Süden mit hohen Bäumen bewachsen ist, wurde das Gebäude möglichst weit nach Norden platziert. Die lang gestreckte, schmale Bauform ergibt nicht nur einen großzügigen Gartenbereich im Süden, sondern auch eine maximale Lichtausbeute im Hausinneren.

AUSGEWOGENES RAUMANGEBOT

Das Haus verfügt über drei Ebenen. Im Erdgeschoss liegt ein offener, südausgerichteter Wohn-, Ess- und Küchenbereich, der sich über die gesamte Gebäudebreite erstreckt. Das Treppenhaus ist aus Schallschutzgründen durch eine Glaswand abgetrennt. Den Bedürfnissen einer Familie entsprechend ist diese Ebene mit einem großzügigen Garderobenbereich und einem separaten Hauswirtschaftsraum ausgestattet. Ein unbedingter Wunsch der Familie bestand in den zwei identisch großen, nach Süden ausgerichteten Kinderzimmern im Obergeschoss, die über einen Gang auf der Nordseite miteinander verbunden sind. Zwischen den beiden Kinderzimmern ist das Elternschlafzimmer mit Ankleide und direktem Zugang zum Bad angeordnet. Als sehr nützlich erwies sich der Werkraum im Untergeschoss während der Bauzeit, da der Bauherr hier die Möglichkeit hatte, Eigenleistungen am Bauprozess zu erbringen.

ÖKOLOGISCH VORBILDLICH

»Selbstverständlich ein Holzhaus«, dies war für die Familie schon früh klar, da das Thema Ökologie und Baubiologie auch für die Bauherrin, die von einer Hausstauballergie geplagt war, einen hohen Stellenwert einnahm. Das Haus sollte nicht nur im Unterhalt wenig Energie verbrauchen, sondern auch bei der Herstellung. Nachwachsende und natürliche Baumaterialien wurden deshalb bevorzugt. In die Gefache der Holzständerkonstruktion in den Wohngeschossen wurden ausschließlich biologische Dämmstoffe aus Zellulose und Flachs oder Holzwolldämmmatten eingesetzt. Zudem ermöglichte der Werkstoff Holz die gewünschte Eigenleistung. Trockenestrich aus Naturgipsplatten mit Massivholzböden und Lehmputz an den Innenwänden mit Wandflächenheizung schaffen ein angenehmes Raumklima. Die Hausherrin ist begeistert: »Ich habe mir ein Leben ohne Kortison und Atembeschwerden nicht mehr vorstellen können. Schön, in einem Haus zu leben, in dem das Raumklima stimmt und alle Beschwerden wie weggeblasen sind.« Als Niedertemperatur-Strahlungsheizung gibt die Wandflächenheizung die Wärme an den Raum ab, ohne dass es dabei zu unerwünschten Luftbewegungen mit Staubaufwirbelungen kommt.

»Ich habe mir ein Leben ohne Kortison und Atembeschwerden nicht mehr vorstellen können. Schön, in einem Haus zu leben, in dem das Raumklima stimmt und alle Beschwerden wie weggeblasen sind.«

BRIGITTE SCHRÄTZLMAYR

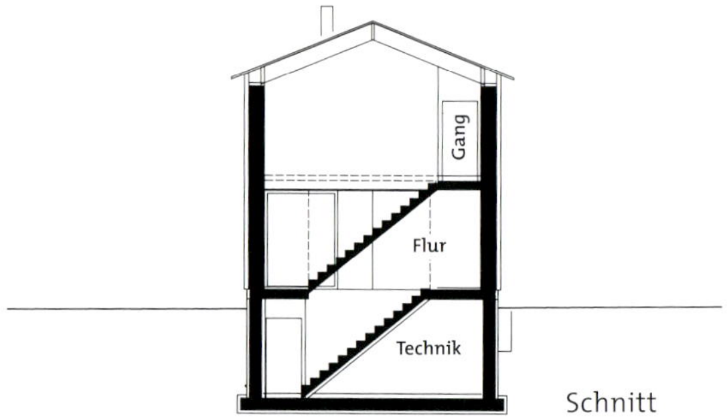

Schnitt

IM PROFIL

- **STANDORT:** 85051 Ingolstadt
- **BAUHERREN:** Familie Schrätzlmayr
- **GRUNDSTÜCKSGRÖSSE:** 860 m²
- **GRUNDFLÄCHE:** 99 m²
- **WOHNFLÄCHE:** 134 m²
- **ZUSÄTZLICHE NUTZFLÄCHE:** 71 m²
- **ANZAHL DER BEWOHNER:** 4
- **BAUWEISE:** Holzständerbau
- **BAUJAHR:** 2003
- **BAUKOSTEN PRO m² WOHN- UND NUTZFLÄCHE:** 1.640 Euro
- **EIGENLEISTUNG:** 23.300 Euro
- **BAUKOSTEN GESAMT:** 219.800 Euro

1:250

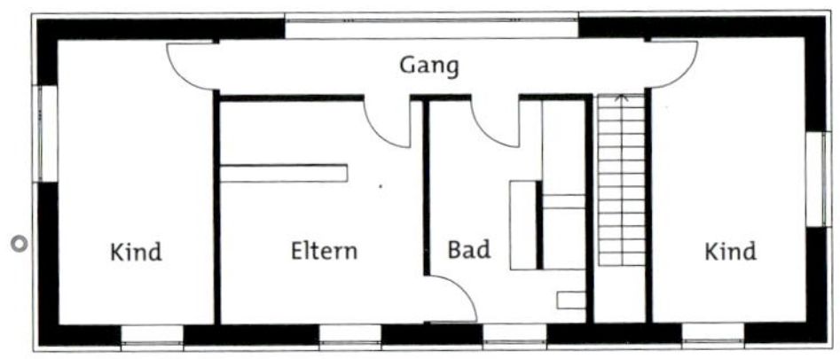

Dachgeschoss

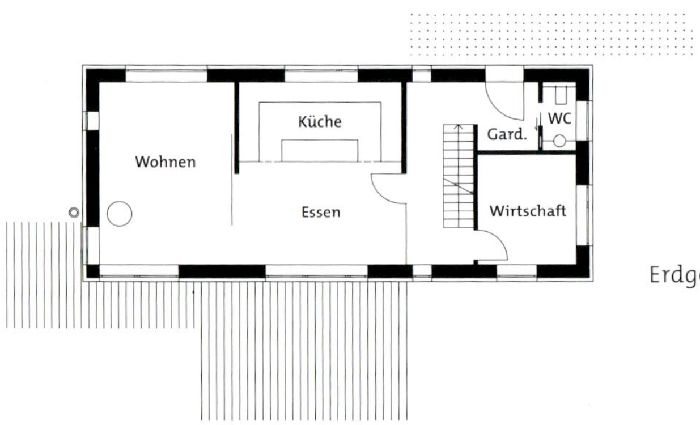

Erdgeschoss

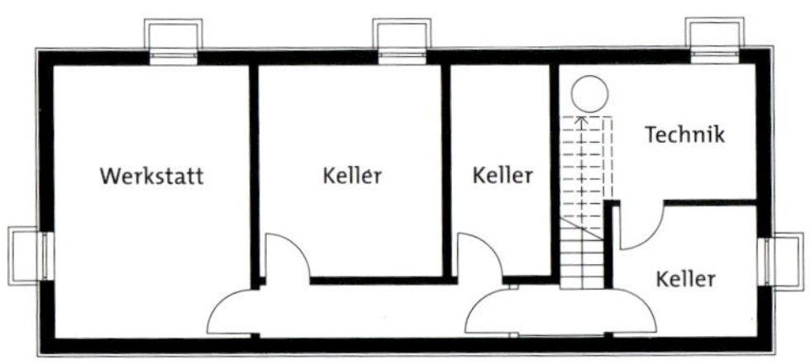

Untergeschoss

HAUS ALS ENERGIESAMMLER

Die Fenster haben eine Rahmenkonstruktion aus Holz und Aluminium. Außen liegende Lamellenjalousien dienen dem sommerlichen Wärmeschutz der Isolierverglasung. Ein behagliches Klima in Inneren entsteht auch dadurch, dass die Raumtemperatur gegenüber der Außentemperatur einer Phasenverschiebung unterworfen ist, die von den biologischen Dämmstoffen bewirkt wird. Die Anordnung großer, südorientierter Glasflächen und die weitgehend geschlossene Nordfassade machen das Haus vom Energieverschwender zum Energiesammler, wobei die passiven solaren Wärmegewinne unmittelbar der Heizung und der Warmwasserbereitung zugute kommen. Mit einer 35 Zentimeter dicken Wärmedämmung der Außenwände und einer 40 Zentimeter dicken Dämmschicht im Dach erreicht das Haus den Dämmstandard eines Passivhauses. Kleine Einschränkungen wurden bei den Holz-Alu-Fenstern in Kauf genommen, die für den Wärmedurchgang einen U-Wert von »nur« 0,81 W/m²K aufweisen. Aus Kostengründen wurde vorläufig auch auf den Einbau einer Lüftungsanlage verzichtet. Ein 10 Quadratmeter großes Kollektorfeld auf dem Dach liefert die Hauptenergie zum Beheizen des Hauses und Erwärmen des Brauchwassers. Der Restenergiebedarf bei schlechtem Wetter im Winter wird über einen Holzpelletofen im Wohnzimmer erzeugt, überschüssige Energie wird von einem Schichtenspeicher aufgenommen. Eine Wandflächenheizung mit 20 Quadratmeter Oberfläche verteilt die Energie im Haus und ist durch ihre niedrigen Vorlauftemperaturen optimal auf das System abgestimmt. Sie erzeugt kaum Konvektionsströmung, der Wärmeaustausch erfolgt fast ausschließlich über Wärmestrahlung, was besonders für Allergiker sehr angenehm ist.

Das letzte Wort gebührt dem stolzen Bauherrn: »Am meisten freut es mich, endlich auch im Winter ein schön warmes Haus fast ohne Energiekosten zu haben. Alles ist am richtigen Platz – wenig Wohnfläche und doch großzügig.«

Oben links: Ein leistungsfähiger Rauchabzug über dem Kochfeld ermöglicht es, die offene Küche in den Wohn-Essraum zu integrieren.

Oben rechts: Als Schreinermeister hat der Vater den Kindern ein „Schwalbennest" unter dem Dachfirst eingebaut, das zum fantasievollen Spielen bestens geeignet ist.

Spiel mit der Symmetrie

HAUS STOLZ IN WEIL DER STADT
ULRIKE UND MATTHIAS STOLZ, WEIL DER STADT

Links: Der erdgeschossige Wohn-, Ess- und Küchenbereich mit der Terrasse davor leuchtet in der Dämmerung.

Unten: Drei Elemente, die sich in Struktur, Material und Farbe unterscheiden, bestimmen das Erscheinungsbild des Gebäudes: die grau verputzten Giebelwände, das rot gedeckte Ziegeldach und die schwarz verschalten Längsseiten.

Ein Raumabschluss ganz aus Glas trennt und verbindet den Wohn-Essbereich mit der ebenengleich angeordneten Terrasse.

Ein Grundstück in zweiter Reihe innerhalb eines bereits in den 1970er Jahren erschlossenen Wohngebiets im schwäbischen Weil der Stadt bot dem Architektenpaar die Möglichkeit, seinen Traum vom individuellen Wohnen in den eigenen vier Wänden zu realisieren. Im Vorfeld des Bauprozesses haben sie ihre Vorstellungen und Wünsche geklärt: »Wichtig war für uns ein Haus, das kompakt ist und zierlich wirkt und trotzdem innen großzügig bleibt. Ein Haus, das sinnvoll organisiert ist, damit nicht so viel Grundfläche versiegelt wird und noch ein gut nutzbarer Garten übrig bleibt. Das Haus sollte nicht modisch sein, sondern modern und damit hell, freundlich und zum Wohlfühlen. Nach Möglichkeit sollte uns das Haus auch noch in zwanzig Jahren gefallen, also irgendwo klassische Proportionen mit Symmetrien und einem Dreiklang aus Farben und Material erhalten. Wichtig war auch ein flexibler Grundriss, der Wohnen und Arbeiten unter einem Dach ermöglicht.« Mit diesem Steckbrief für das zukünftige Haus begann der Entwurfsprozess.

DIE KUNST DER RAUMAUFTEILUNG

Ein Ganzes erhält man aus zwei Halben oder aber auch aus vier Vierteln. Derartige Überlegungen mögen dem Architektenpaar durch den Kopf gegangen sein, als sie dieses Haus für sich und ihre zwei Kinder planten. Was als Zahlenspiel begann, führte schließlich zur geometrischen Ordnung dieses Gebäudes, dessen Aufteilung und Gestaltung von zwei Achsen bestimmt wird. Mit der Symmetrie kann man spielen. Auf den Giebelseiten sind die Fensteröffnungen der einzelnen Räume zu einer großen Öffnung zusammengefasst. An den Längsseiten lockert der nach Norden abfallende Hang die symmetrische Ordnung auf. Über einen asymmetrisch angeordneten Eingang auf der weitgehend geschlossenen Ostseite gelangt man ins Innere. Im Erdgeschoss wird die strenge Aufteilung zugunsten eines fließenden Raumerlebnisses aufgegeben. Wohn- und Essbereich bilden zusammen mit einer offenen Treppe und der durch eine winkelförmige Wand abgeschirmten Küche einen zusammenhängenden Raum, in dem sich das Familienleben entfalten kann. »Am Besten gefällt uns der Wohn-/Essbereich mit der großzügigen Verglasung auf der Westseite zur Terrasse hin mit dem anschließenden Garten und dem Grün der Nachbargärten. Man schaut nicht aus einer Fensteröffnung in einer Wand, sondern der ganze Raum öffnet sich, was ein Gefühl von ›Freiheit‹ erweckt«, schwärmen die Hausbesitzer. »Im Sommer wird mit der großen Terrasse ein weiteres ›grünes Zimmer‹ mitbenutzt.« Das Programm – Bauen für vier – zeigt sich besonders deutlich im Dachgeschoss, wo die Längs- und Querachsen den Grundriss in gleich große Viertel unterteilen. In der Querachse steht das Treppenhaus und führt in einen zur Spielzone erweiterten Flur, der Tageslicht über eine mittig angeordnete Gaube erhält. Drei Schlafzimmer und ein großzügiges Bad werden von der Mitte des Hauses aus sehr kompakt erschlossen. Als besonderer Luxus erweisen sich die giebelseitigen Balkone im Obergeschoss, die von jedem Raum aus betreten werden können.

»Euer Haus sieht von außen ganz klein aus und innen drin ist es dann sooo groß!«

PATENSOHN JENS, 8 JAHRE

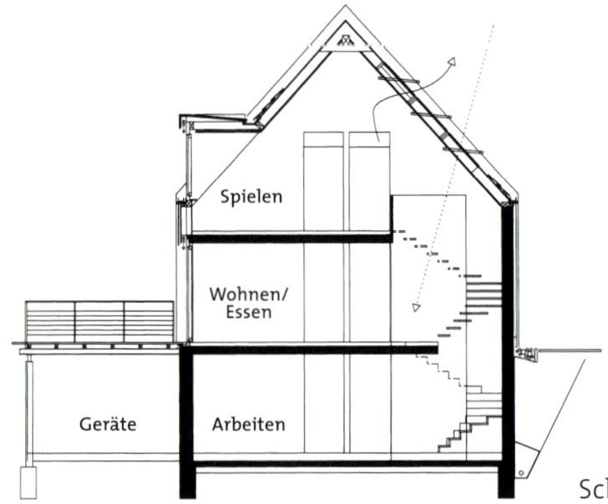

Schnitt

IM PROFIL

- **STANDORT:**
  71263 Weil der Stadt
- **BAUHERRIN:**
  Ulrike Stolz
- **GRUNDSTÜCKSGRÖSSE:** 459 m²
- **GRUNDFLÄCHE:** 102 m²
- **WOHNFLÄCHE:** 210 m²
- **ZUSÄTZLICHE NUTZFLÄCHE:** 30 m²
- **ANZAHL DER BEWOHNER:** 4
- **BAUWEISE:**
  Massivbau
- **BAUJAHR:** 2002
- **BAUKOSTEN PRO m² WOHN- UND NUTZFLÄCHE:** 1.042 Euro
- **EIGENLEISTUNG:**
  Architektenleistung, Ausbauleistungen in Teilbereichen
- **BAUKOSTEN GESAMT:**
  ca. 250.000 Euro

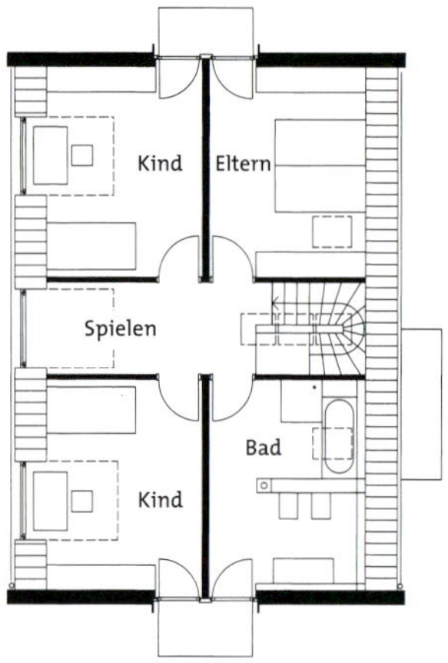

Dachgeschoss

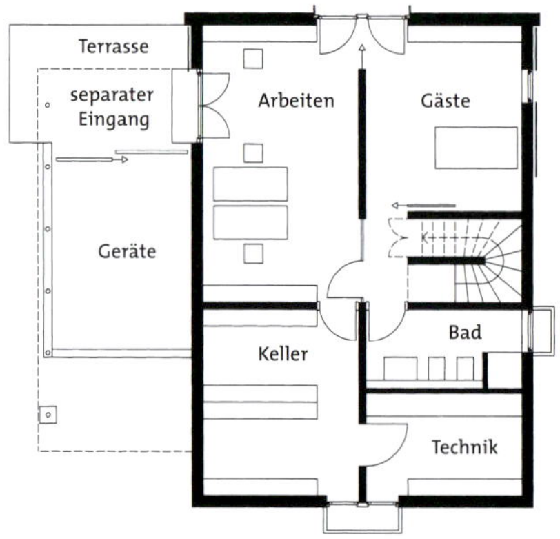

Untergeschoss

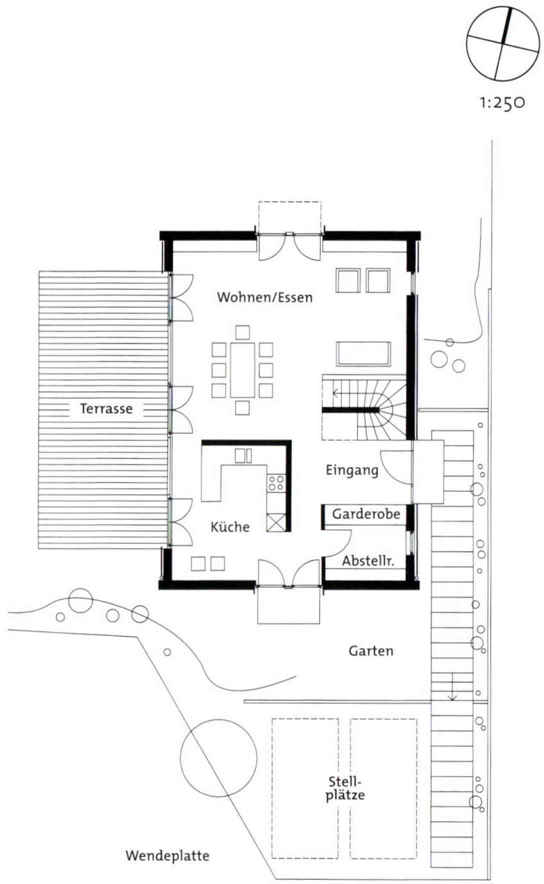

Erdgeschoss

Links außen: In der Mitte des Hauses angeordnet verbindet das offene Treppenhaus alle Ebenen.

Links: Eine Blickachse gegenüber der Treppe öffnet das Haus in Querrichtung und sorgt für ein geschossübergreifendes Raumerlebnis.

GARTENRAUM GEWINNEN

Die Randlage des Grundstücks mit gewachsener und definierter Umgebung hat die Bauherren besonders angesprochen: »Einen großen Bonus sahen wir in der guten Orientierungsmöglichkeit nach Westen hin zu den angrenzenden Gärten der Nachbarhäuser, die nicht mehr verbaut werden würden. Das Grundstück ermöglichte uns somit gleichzeitig einerseits eine Hanglage mit Aussicht und andererseits ein Wohnen ins ›Grüne‹ mit ebenerdiger Terrasse und direktem Gartenanschluss. Günstig fanden wir auch die Lage an der Wendeplatte, wo die Abstandsfläche zum Nachbargebäude größer ist und kein Durchgangsverkehr besteht, sodass die Kinder gleich vor dem Haus auf der Straße spielen können.« Auf dem nach Norden abfallenden Grundstück steht das Haus giebelseitig zur Straße und wurde so weit wie möglich nach Osten geschoben, sodass sich der vorhandene Grünraum der Nachbarbebauung mit dem eigenen Garten verbindet. Auf diese Weise verbleibt ein Großteil des Grundstücks für Garten und Terrasse.

UMNUTZUNG

Die Option der Umnutzung für die heranwachsenden Kinder und/oder für die Aufnahme der Großeltern war den Bauherren ebenfalls ein wichtiges Kriterium bei der Planung. Sowohl im Dach- als auch im Untergeschoss bietet das Haus die Möglichkeit, auf zukünftige Entwicklungen zu reagieren. Der als Büro und Gästezimmer genutzte Raum mit vorhandenem Bad und separatem Eingang im Untergeschoss kann in Zukunft auch als eigenständige kleine Wohnung dienen. Das Haus besticht durch seine klare funktionale Ordnung, die sich in einem kompakten Baukörper und einfach gegliederten Ansichten widerspiegelt. Die Symmetrie als Ordnungsprinzip bleibt sowohl im Inneren als auch von außen ablesbar.

Zwischen Offenheit und Distanz

HAUS DR. DICK IN WEICHERING
M. OMASREITER, MÜNCHEN

Links: *Nach ihrer Rückkehr aus den USA und den Erfahrungen mit amerikanischen Holzhäusern wünschten sich die Bauherren ein Massivhaus. Der Einfluss des » American Way of Life« zeigt sich jedoch in dem offenen Zugang zum Gebäude und der breiten Auffahrt zur Garage. Unter geschickter Ausnutzung des natürlichen Geländeverlaufs entstand ein Splitlevel mit einem halbgeschossig versetzten Eingang.*

Unten: *Unauffällig fügt sich das kompakte Haus in die vorhandene Siedlung ein. Im rückwärtigen Teil des Gartens liegt ein uneinsehbarer Freibereich.*

Der Wohnraum hat eine ebenerdige Verbindung zum Garten. Eine deckenhohe Verglasung bezieht den Außenraum in das Wohnerlebnis mit ein.

Nachdem die Bauherren aus dem Westen der USA zurückgekehrt waren, wo sie mit den Kindern drei Jahre verbracht hatten, wollten sie auf keinen Fall in einem leicht gebauten und schwach isolierten Holzhaus wohnen. Einige Eigenschaften amerikanischer Häuser haben sie aber doch gereizt, so zum Beispiel der separate Fußweg zum Haus, die Möglichkeit, Wohnräume direkt zu erschließen und auch der komfortable Zugang zum Gebäude über die Garage. Diese Erfahrung mit amerikanischen Haustypen fand Eingang in den Entwurf eines massiven Hauses im bayerischen Weichering.

WENIG FLÄCHE, VIEL RAUM

Der Neubau entstand auf einem polygonalen Grundstück zwischen einer vorhandenen Bebauung aus den 1960er Jahren, das im Norden an eine Nebenstrecke der Bahn angrenzt. Hier sah die Familie die Chance, ihre Vorstellung vom Wohnen als einem sorgfältig abgewogenen Ausgleich zwischen Offenheit und Distanz zu verwirklichen. Auf die Frage, was sie an dem Grundstück besonders gereizt hat, antworten die Bauherren: »... die Hanglage im Donautal« und spielen dabei auf die leichte Senke zwischen Straße und Bahndamm mit einem Niveauunterschied von zirka 1,30 Metern an. Der Bauherr erkannte hier die Möglichkeit, den Niveauunterschied für das Gebäude zu nutzen und auf geringer Grundfläche ein ausreichend großes Bauvolumen zu realisieren. Auch die Tatsache, dass es nur einen unmittelbar angrenzenden Nachbarn gibt und dass das Grundstück von allen Seiten bereits eingewachsen ist, erfüllte den Wunsch der Familie nach Privatheit. Wie eine Schleuse zum Haus wirkt die ins Gelände leicht eingesenkte Garage mit einem ebenengleichen Zugang ins Untergeschoss von der Nordseite aus. Vom Gartenweg im Süden hingegen gelangt man über drei Stufen fast unmittelbar ins Esszimmer. Von den Grundstücksgrenzen aus gesehen wirkt der Garten wie ein Filter für das Haus – von innen her betrachtet bildet er eine grüne Kulisse vor den Fensteröffnungen. Der minimalistisch geformte Baukörper ohne Vor- und Rücksprünge steht ohne Verzahnung mit dem Grundstück da. Obwohl das Gebäude selbst zu seiner Umgebung auf Distanz zu gehen scheint, demonstrieren die großen Fensterflächen einladende Offenheit. Auch in den zwei Zugangsmöglichkeiten spiegelt sich das Thema des Hauses als ein Wechselspiel zwischen selbstverständlicher Gastfreundlichkeit und absoluter Privatheit wider.

»Wir haben genau auf unseren Kostenrahmen geachtet und lieber bei unseren Wünschen Abstriche gemacht oder verschiedene Dinge auf einen späteren Zeitpunkt verschoben.«

SUSANNE UND DR. STEFAN DICK

»Beim Grundriss wollten wir keinen wertvollen Raum für unnötige Verkehrsflächen verschwenden.«

DR. STEFAN DICK

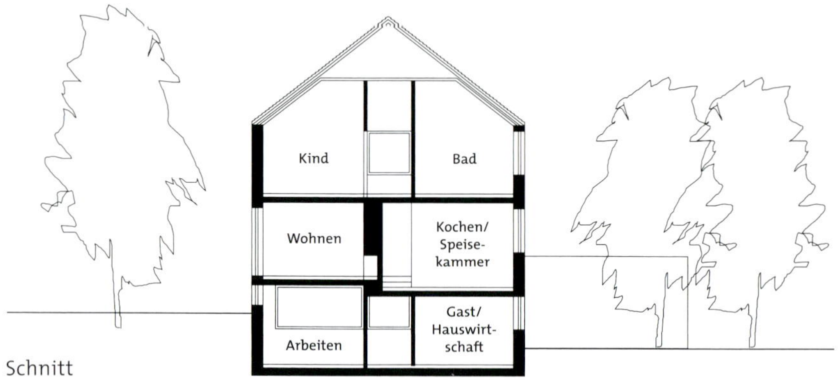

Schnitt

IM PROFIL

- **STANDORT:** 86706 Weichering
- **BAUHERREN:** Susanne und Dr. Stefan Dick
- **GRUNDSTÜCKSGRÖSSE:** 1.068 m²
- **GRUNDFLÄCHE:** 100 m²
- **WOHNFLÄCHE:** 191 m²
- **ZUSÄTZLICHE NUTZFLÄCHE:** 55 m² (Garage)
- **ANZAHL DER BEWOHNER:** 4
- **BAUWEISE:** Massivbau
- **BAUJAHR:** 2004
- **BAUKOSTEN PRO m² WOHN- UND NUTZFLÄCHE:** 1.571 Euro
- **EIGENLEISTUNG:** Gartenanlage
- **BAUKOSTEN GESAMT:** 300.150 Euro

Obergeschoss

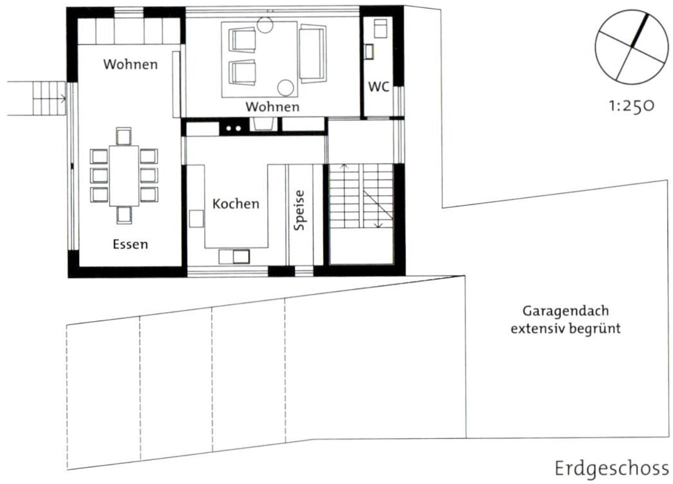

Erdgeschoss

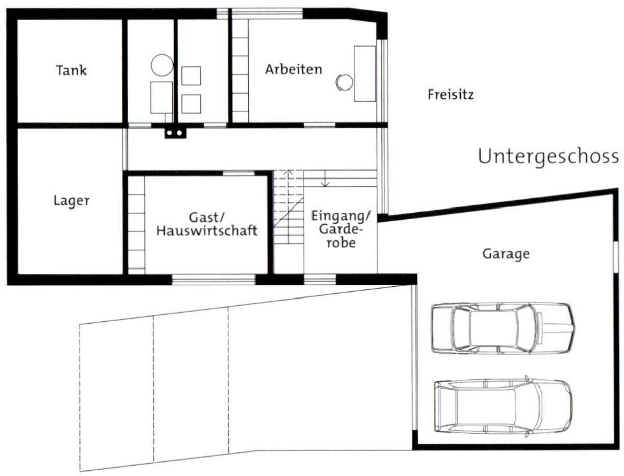

Untergeschoss

KOMPLEXE EINFACHHEIT

Der natürliche Niveauunterschied des Geländes wurde genutzt, um im Keller ein Arbeitszimmer und einen Hauswirtschafts- beziehungsweise Gästeraum über Fenster zu belichten. Deshalb kann das Untergeschoss in Zukunft ohne großen Aufwand zu einer Einliegerwohnung umgebaut werden.
In der Aufteilung des Erdgeschosses kommt die Freude des Bauherrn am Kochen und an der Gastlichkeit zum Ausdruck. »Die Speisekammer kann nicht groß genug sein«, meint er und zeigt sich mit dem fast ohne Erschließungsflächen auskommenden Erdgeschossgrundriss sehr zufrieden. Obwohl die drei wesentlichen Räume für Wohnen, Essen und Kochen durch große Öffnungen miteinander verbunden sind, werden sie durch Niveauunterschiede oder Stürze über den verbindenden Öffnungen dennoch optisch als eigenständige Raumeinheiten wahrgenommen. Geplante Schiebetüren sollen diesen Eindruck unterstützen. Auch im Obergeschoss mit dem separaten Elternteil und den etwa gleich großen Kinderzimmern – jeweils mit eigenem Bad – sehen die Bauherren ihre Vorstellungen verwirklicht. Die Deckenhöhe in den Kinderzimmern erlaubt den nachträglichen Einbau einer Empore, um das Raumangebot zu vergrößern.

MINIMALISTISCHE GESTALT

Mit seiner zurückhaltenden äußeren Gestalt harmoniert das Haus gut mit der umgebenden Bebauung aus den 1960er Jahren. Die minimalistische Form, so einfach wie sie auch jedes Schulkind zeichnen würde, schöpft aus der Beschränkung Kraft. Der Verzicht auf einen Dachüberstand, die Integration der Dachrinne und die dezente Farbgebung mit Putzoberflächen in gebrochenem Weiß unterstreichen den Charakter des Hauses. Der Architekt findet dafür folgende Worte: »Die wenig klischeehafte, auch pragmatische Herangehensweise des Bauherrn an die Aufgabenformulierung machte es möglich, sich auf einen räumlich abwechslungsreichen, aber nach außen hin eher zeitlosen Lösungsansatz zu konzentrieren.«

Oben links: Die perfekt ausgestattete Küche vermittelt die Freude des Bauherrn am Kochen und an der Gastlichkeit.

Oben Mitte: Über die großen Fensteröffnungen gelangt reichlich Tageslicht ins Innere des Hauses.

Oben rechts: Ein Baumhaus ist genau das, wovon viele Kinder träumen.

Ein Haus zum Wohlfühlen

HAUS KLIMEK IN NEUHAUSEN AUF DER FILDEREBENE
ARCHITEKTURBÜRO FUCHS, WACKER, STUTTGART

Links: Großflächige Öffnungen nach Süden holen das Tageslicht ins Haus. Holzbeplankte Schiebeläden im Wohngeschoss und außen liegende Lamellenraffstoren im Dachgeschoss dienen dem Sonnenschutz.

Unten: Vom Eingangsbereich im Untergeschoss gelangt man sowohl in die von der Tochter bewohnte Einliegerwohnung als auch in das Domizil der Eltern.

Rings um den holzbefeuerten Ofen entwickelt sich der Wohnbereich einschließlich Küche und Essplatz als Einraum.

Am Rande der 850 Jahre alten Gemeinde Neuhausen auf der Filderebene, etwa 20 Kilometer von Stuttgart entfernt, hat sich die Familie ihre Vorstellungen von einem idealen Wohnhaus verwirklicht. Aus dem für die Region eher untypischen Baustoff Holz bestehen sowohl das Tragwerk als auch die Hülle des Gebäudes. Die Lamellenstruktur der präzise gegliederten Fassaden verleiht dem Haus Maßstäblichkeit und Proportion, wobei durch die tief in der Laibung sitzenden Fenster die Dicke der Außenwandkonstruktion ablesbar wird.

NEUANFANG

»Wir wollten in Zukunft nicht in einem Haus mit vielen kleinen und leer stehenden Zimmern leben, sondern in großzügigen, auf uns beide zugeschnittenen Räumen«, erläutert die Bauherrin die veränderte Situation ihrer Familie, nachdem die beiden älteren Kinder aus dem Haus waren. In dieser Lage entschloss sich das Ehepaar, das vorher ein Reihenhaus am Ort bewohnte, zu einem Neubeginn und bewarb sich um einen Bauplatz. »Wir mussten uns zwar innerhalb von 14 Tagen entscheiden, haben diesen Schritt aber nicht bereut«, kommentiert die Hausherrin. Geradlinig und klar sollte ihr neues Zuhause gestaltet sein. Die Verwendung natürlicher Materialien, minimale Energieverluste, passive Nutzung von Solarenergie und das Heizen mit dem nachwachsenden Rohstoff Holz standen ganz oben auf der Wunschliste der Bauherren. Die jüngste Tochter sollte darüber hinaus in einer Einliegerwohnung im Untergeschoss ihr eigenes Reich bekommen.

KOMMUNIKATIONSZENTRUM

Gegenüber dem Straßenniveau um zwei Stufen abgesenkt, betritt man das Haus im Untergeschoss. Ein offener Eingangsraum erschließt die Einliegerwohnung sowie das Wohnhaus. Von hier führt eine geradläufige Treppe zum Erdgeschoss und weiter bis unters Dach. Über eine Tür ist der Eingangsbereich direkt mit dem Carport verbunden. Wie geschaffen für den Empfang von Gästen präsentiert sich die Wohn-Ess-Ebene des Hauses, deren Mittelpunkt ein mit Holzpellets beheizter Kaminofen bildet. »Wir sind zwar keine Faschingsbegeisterten, sehen uns aber immer gerne den Faschingsumzug in Neuhausen mit Hästrägern, wie Hexen und Krautköpfen an. Anschließend kommen noch Freunde zum gemütlichen Beisammensein zu uns. Jeder bringt etwas mit, sodass eine ganz lockere Atmosphäre entsteht. Das Büfett mit Leckereien wird auf dem frei stehenden Küchenblock aufgebaut.« Hier, meint die Bauherrin schmunzelnd, sei das Kommunikationszentrum des Hauses. Der große Wohn-Ess-Bereich öffnet sich über drei Doppeltüren zu einer riesigen, mit Douglasienholz beplankten Terrasse. So steht für den Aufenthalt im Freien ein nahezu gleich großes Raumangebot zur Verfügung wie im Hausinneren. Die großen Schiebeelemente vor den Fensteröffnungen erinnern mit ihrem ablesbaren Funktionsprinzip an die in dieser Gegend häufig anzutreffenden Scheunentore. Die Übertragung dieses Öffnungsprinzips auf Garagentor und Fensterläden stellt eine einfache und robuste Lösung für den Sonnen- und Sichtschutz dar und hat zudem den Vorteil der leichten Bedienbarkeit.

»Wir mussten uns innerhalb von 14 Tagen für den Bauplatz entscheiden, haben diesen Schritt aber nicht bereut.«

FAMILIE KLIMEK

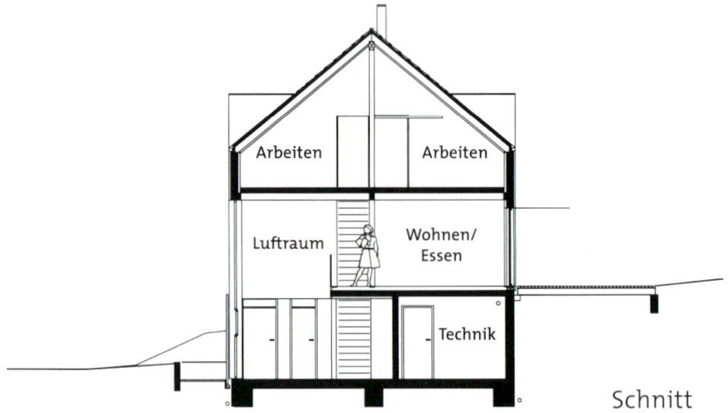

Schnitt

1:250

IM PROFIL

- **STANDORT:** 73765 Neuhausen a. d. F.
- **BAUHERREN:** Familie Klimek
- **GRUNDSTÜCKSGRÖSSE:** 394 m²
- **GRUNDFLÄCHE:** 96 m²
- **WOHNFLÄCHE:** 149 m²
- **ZUSÄTZLICHE NUTZFLÄCHE:** 103 m²
- **ANZAHL DER BEWOHNER:** 3 + Hund
- **BAUWEISE:** Holzständerbau, Sockelgeschoss massiv
- **BAUJAHR:** 2002
- **BAUKOSTEN PRO m² WOHN- UND NUTZFLÄCHE:** 1.300 Euro
- **BAUKOSTEN GESAMT:** 265.000 Euro (ohne Außenanlagen)

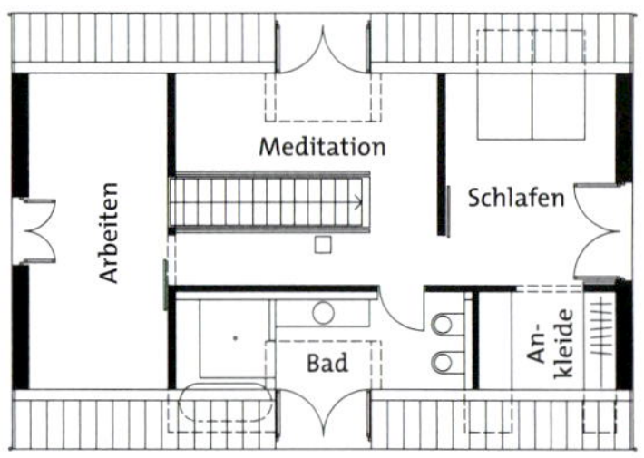

Dachgeschoss

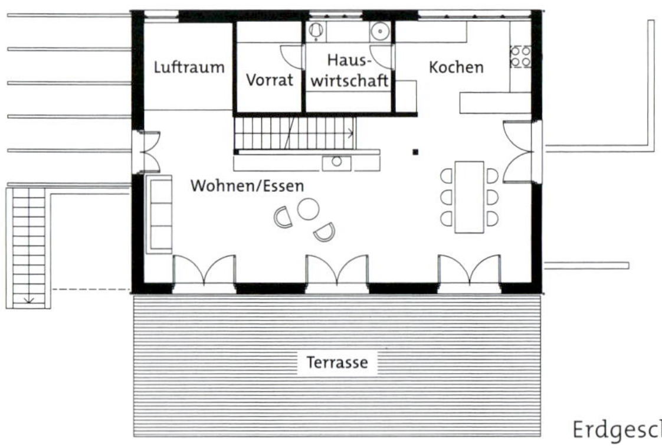

Erdgeschoss

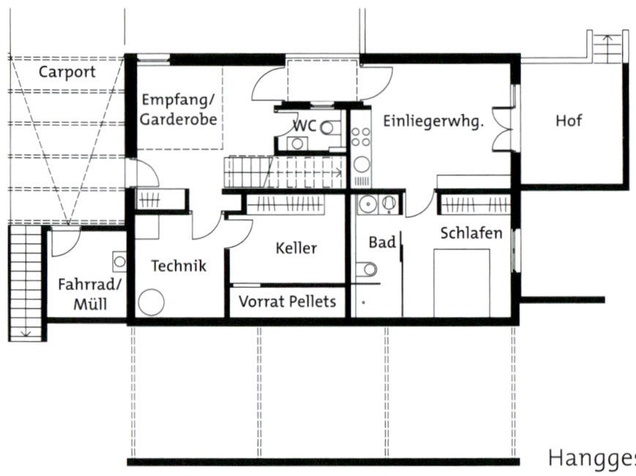

Hanggeschoss

WELLNESS FÜR ALLE

Die Familie schätzt die Großzügigkeit und die pure Holzatmosphäre ihres neuen Domizils. Auch die Haushündin Wilma kommt auf ihre Kosten, denn zum Wald sind es nur fünf Minuten. Das Dachgeschoss ist für Wilma jedoch tabu, denn hier beschäftigt sich die Hausherrin mit japanischen Heilkünsten. So ist diese Ebene ganz auf die Bedürfnisse des Elternpaars ausgerichtet: Sie umfasst einen offenen Meditationsbereich unter der Nordgaube, einen Arbeitsraum und ein großzügiges Schlafzimmer mit Ankleide. Durch die große Südgaube mit bodentiefer Verglasung wird das Elternbad von Tageslicht durchflutet. Der mittig platzierte Waschtisch sowie die Dusche nutzen die Raumhöhe der Gaube, während sich die Badewanne unter die Schräge schmiegt.

ENERGIESPARENDES BAUEN

Die Holzständerkonstruktion des einfachen Baukörpers mit Satteldach zeichnet sich durch eine hervorragende Wärmedämmung der Außenhülle aus. Die kompakte Bauweise mit einem günstigen Verhältnis zwischen Umfassungs- und Nutzflächen führt zu minimalen Energieverlusten. Große, nach Süden orientierte Fenster ermöglichen eine passive Nutzung der Solarenergie, während nur wenige kleine Öffnungen an der Nordfassade die Wärmeverluste dort möglichst gering halten. Solarkollektoren auf dem Dach wandeln Sonnenlicht in Wärmeenergie um, die für das Brauchwasser verwendet wird. Das Heizen mit dem nachwachsenden Rohstoff Holz in Form von Pellets schont nicht nur die Umwelt, sondern schafft im Winter Behaglichkeit und Wohlgefühl. So wurden die Bauherren für ihren Mut belohnt, nach dem Auszug der Kinder einen Neuanfang zu wagen – dass sie dabei traditionelle Materialien und Prinzipien mit neuesten bauphysikalischen Erkenntnissen und Techniken kombiniert haben, hat sich ausgezahlt.

Oben links: Über einen Luftraum ist die Eingangshalle mit dem darüber liegenden Wohnbereich verbunden.

Oben Mitte und rechts: Beliebter Treffpunkt ist die riesige, südorientierte Terrasse. Sie bietet viel Platz für gemeinsame Mahlzeiten, aber auch zum Sonnenbaden und Ausruhen.

Wohnen am Fluss

HAUS SCHWEIGER IN BAAR-EBENHAUSEN
03 MÜNCHEN, MÜNCHEN

Links: Das kompakte Einfamilienhaus, landschaftlich reizvoll direkt am Flusslauf der Paar gelegen, ist mit eichenholzgerahmten, großen Fensteröffnungen zur Aue hin orientiert.

Unten: Mit einer weit auskragenden Terrasse, zirka 1 Meter über dem Talgrund, reagiert das Haus auf den Fluss, der sich zumeist als friedliches Gewässer gebärdet, der aber auch hin und wieder über seine Ufer treten kann.

Links außen: Aus dem lichtdurchfluteten Eingangsbereich führt ein gerader Treppenlauf mit Tritt- und Setzstufen aus Eichenholz zu den Privaträumen im Obergeschoss.

Links: Dachflächenfenster über dem Eingangsbereich belichten nicht nur den Erschließungsraum im Obergeschoss, sondern auch das Entree im Erdgeschoss.

Was gibt es Schöneres für Kinder und auch für Erwachsene, als direkt an einem Fluss zu wohnen? In Baar-Ebenhausen, einem 5.000-Seelen-Dorf südlich von Ingolstadt, liegt dieses Haus, an dessen Aussichtsseite die Paar stetig der Donau zustrebt. Der von alten Weiden gesäumte Flusslauf hat es den Bauherren angetan.

SCHOKOLADENSEITE ZUM WASSER

»Wir hatten ja bereits das Grundstück. Wir mussten nur noch die Qualitäten herausholen«, erklärt die Architektin den Entwurf. Ein großzügiges Stück Baugrund, eine große Wiese, im Osten begrenzt von hohen Bäumen und die Paar im Westen der vielbefahrenen Ortsstraße, so stellte sich die Ausgangssituation dar. »Wir wollten eine Abgrenzung von der Straße und das Haus zur Natur hin öffnen«, führt die Architektin weiter aus. Gesagt, getan – nach 11 Monaten stand das Haus. Geschlossen, von nur drei kleinen Fensteröffnungen durchbrochen, präsentiert sich die Westseite zur Ortsdurchgangsstraße. »Wir haben uns schon einiges anhören müssen«, sagt der Bauherr. »Unser Haus wurde auch schon als die ›Burg von Baar‹ betitelt«, bekräftigt die Bauherrin. Dabei ist es nur konsequent, sich vom Durchgangsverkehr abzuschotten und die Flussseite zur Schokoladenseite zu entwickeln. Betritt man das Haus über den auf der Nordseite vorgezogenen Windfang, überrascht der ungehinderte Blick ins Freie. Drei große Dachflächenfenster sorgen für Helligkeit im Treppenhaus. In Küche, Ess- und Wohnzimmer geben geschosshohe Glasflächen den Blick in die Natur frei. Im Obergeschoss wiederholt sich dieses »Bühne frei für die Natur«, wobei die großflächigen Fensteröffnungen in der weiß verputzten Fassade spannungsvoll gegenüber den Öffnungen im Erdgeschoss versetzt sind. »Es ist schön, wenn man im Bett liegt und über den weiten Feldern die rote Sonne aufgeht«, schwärmt der Bauherr.

VOLL FAMILIENTAUGLICH

Mit klarer Linienführung und einfachen Konturen trennt das Haus die unterschiedlichen Funktionsbereiche voneinander ab. Glastüren und Schiebeelemente sorgen für Transparenz und eine flexible Raumaufteilung im Erdgeschoss, wo Küche, Essplatz und Wohnzimmer jeweils als separate Bereiche, aber auch als zusammenhängender Großraum erscheinen können. Im Obergeschoss hat jedes der beiden Kinder ein gleich großes Zimmer, während das Elternschlafzimmer zusammen mit der geräumigen Ankleide die gesamte Breite des Hauses einnimmt. Raumhohe Türen und der freie Blick unter den Giebel verleihen hier zusätzlich Weite, sodass das Grün der Aue zum Greifen nahe scheint. Als voll familientauglich erweist sich die Ausstattung des Hauses mit einem Gästebad und einer Speisekammer im Erdgeschoss und dem Familienbad im Obergeschoss. Ein Hobbyraum im Untergeschoss bietet Platz zur Entfaltung individueller Interessen, denen man nicht in jedem Fall am Küchentisch nachgehen kann. Ein Familienhaus benötigt entsprechende Rückzugsmöglichkeiten.

»Es ist schön, wenn man im Bett liegt und über den weiten Feldern die rote Sonne aufgeht.«

THOMAS SCHWEIGER

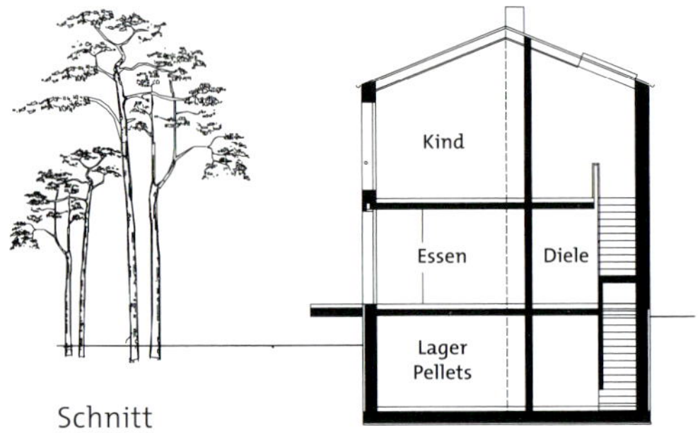

Schnitt

IM PROFIL

1:250

- **STANDORT:**
  85107 Baar–Ebenhausen
- **BAUHERREN:**
  Thomas und Petra Schweiger
- **GRUNDSTÜCKSGRÖSSE:** 800 m^2
- **GRUNDFLÄCHE:** 101 m^2
- **WOHNFLÄCHE:** 155 m^2
- **ZUSÄTZLICHE NUTZFLÄCHE:**
  80 m^2 (Keller)
- **ANZAHL DER BEWOHNER:** 4
- **BAUWEISE:**
  Massivbau
  (Stahlbeton und Ziegel)
- **BAUJAHR:** 2003
- **BAUKOSTEN PRO m^2 WOHN- UND NUTZFLÄCHE:** 1.600 Euro
- **EIGENLEISTUNG:**
  Außenanlagen
- **BAUKOSTEN GESAMT:**
  250.000 Euro

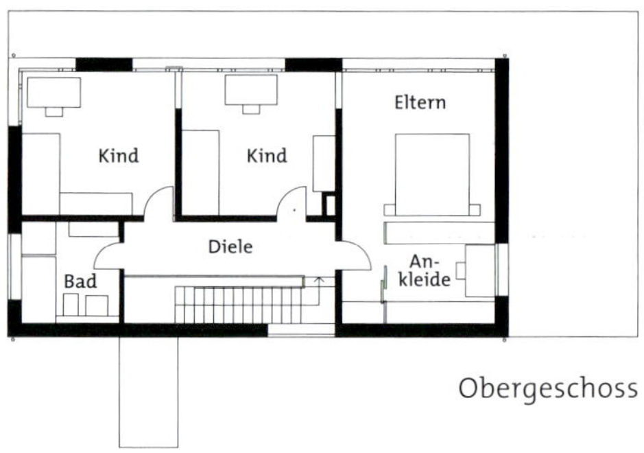

Obergeschoss

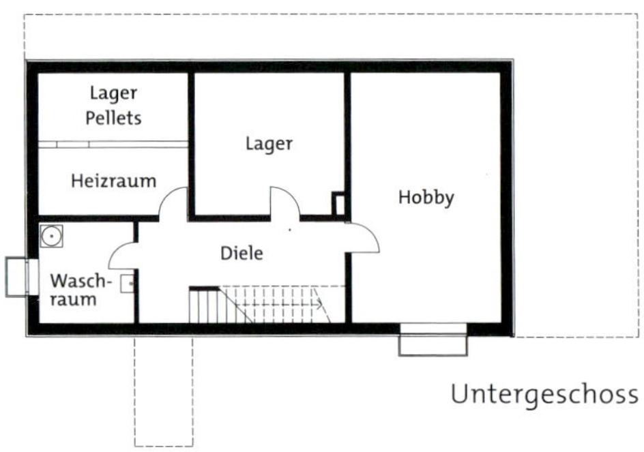

Untergeschoss

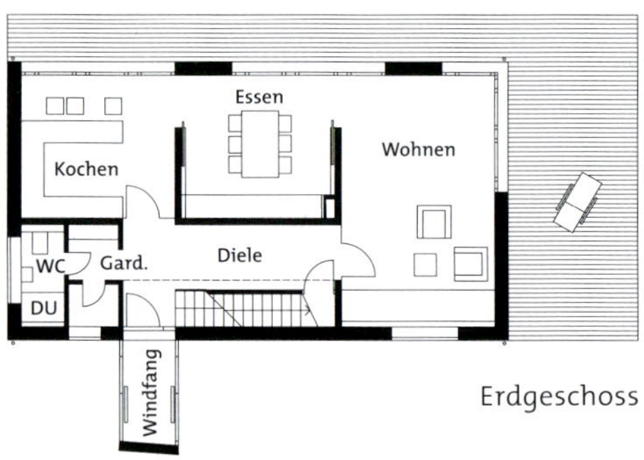

Erdgeschoss

Links außen: Freundliche Pastelltöne geben den Kinderzimmern eine heitere Note und harmonieren mit den holzgerahmten Fenstern und dem Parkettboden.

Links: Familie Schweiger im Abendlicht auf der Terrasse vor dem Haus.

NATÜRLICHE MATERIALIEN

Genauso selbstverständlich und einfach wie die Raumaufteilung erweist sich das Materialkonzept. Innen wie außen weiß verputzte Ziegelmauern, der im Erdgeschoss durchgängig verlegte Fußbodenbelag aus schwarzem Schiefer und Fenster und Türen aus Eichenholz schaffen eine verbindliche, stimmige Atmosphäre. »Wir würden es nicht mehr anders bauen«, sagt die Bauherrin, »es ist einfach unser Traumhaus.« Und wie zur Bestätigung des einvernehmlichen Miteinanders bringt es die Architektin auf den Punkt: »Gute Architektur ist nur mit Bauherren möglich, die offen für Neues sind.«

HOCHWASSERSICHER

Mit dem mäßigen Hunger seiner Holzpelletheizung ist der Bauherr sehr zufrieden: »Wir haben nur 4,5 Tonnen Pellets im ersten Jahr gebraucht, viel weniger als wir erwartet hatten.« Für die Beheizung mit Holz hat man sich auch deshalb entschieden, weil sich der Bauherr noch genau an ein Hochwasser in den 1960er Jahren erinnern kann, als die Paar über ihre Ufer trat und alles – Wiese, Sträucher, Schuppen – von einem halben Meter brauner Brühe überflutet war. Dieses Hochwasser hatte er als Bub im elterlichen Haus erlebt, und so war klar: »Ein Öltank kommt nicht ins Haus.« Um der Hochwassergefahr zu entgehen, liegt das Erdgeschoss über Geländeniveau. Eine große, im Süden und Osten das Haus umgreifende Betonplattform auf Erdgeschossebene verdeckt das Kellergeschoss und bewirkt den schwebenden Eindruck des Hauses. Diese Plattform ist mit Bankirai, einem Tropenholz gedeckt, das langsam nachdunkelt. Als Fortsetzung von Küche, Ess- und Wohnraum ins Freie erscheint diese Aussichtsterrasse wie ein Bootsdeck über der Flussaue schwebend.

»Gute Architektur ist nur mit Bauherren möglich, die offen für Neues sind.«

ARCHITEKTIN KARIN SCHMID

Zweigeteilt

HAUS OSSIANDER-MAIER IN GOSSELTSHAUSEN/WOLNZACH
HANS FINSTERER JR. DIPL.-ING. ARCHITEKT, GEISENFELD

Links: Pultdächer prägen die Baukörper von Garage und Wohnhaus. Die innere Erschließungsachse weitet sich zu einem Vorplatz, der das Gebäude mit dem Straßenraum verbindet.

Unten: Die Zweiteilung des Baukörpers mit dazwischen geschalteter Erschließungsachse macht den Eingangsbereich zu einem logischen Bindeglied zwischen den deutlich voneinander abgesetzten Teilen.

Die funktionale Gliederung des Baukörpers spiegelt sich in der Fassadengestaltung wider: Der niedrigere Nebenraumtrakt sowie die Garage haben eine rote Putzfassade, das Wohnhaus ist mit Holz verschalt.

Hopfen aus der Hallertau ist bei Bierbrauern in aller Welt gefragt. Nicht enden wollende Hopfengärten auf sanften Hügeln prägen daher auch die Landschaft in diesem Teil Oberbayerns. Am Ortsrand von Gosseltshausen bei Wolnzach liegt das Grundstück der Familie Ossiander-Maier in einem neu erschlossenen Baugebiet. Ortstypisch sind die landwirtschaftlichen Gebäude mit ihren hell verputzten Wohnhäusern und den angebauten Scheunen mit dunkel gestrichenen Holzfassaden, aber auch frei stehende Holzlegen und Speicherscheunen mit Pultdach.

ÜBERZEUGUNGSARBEIT GELEISTET

In einem zweigeschossigen Holzbau mit Pultdach sah der Architekt die angemessene Lösung für ein kostengünstiges Wohnhaus, das sich in die Landschaft der Hallertau einfügen sollte. Von dieser Idee musste aber zuerst das örtliche Planungsamt überzeugt werden, denn der Bebauungsplan sieht für die Siedlung eine erdgeschossige Bebauung mit einem 45 Grad geneigten Dach vor. So mussten die Bauherren zunächst eine Befreiung von der vorgegebenen Wandhöhe erwirken, um überhaupt zweigeschossig bauen zu dürfen. Um möglichst viel passive Wärmegewinne zu erzielen, wurde das Haus außerdem gegenüber der Bebauungsplanvorgabe um 90 Grad in Richtung Süden gedreht. »So konnten wir im ersten Obergeschoss großzügige Fensterflächen nach Süden schaffen«, erläutert der Architekt. »Es ist alles am richtigen Platz und ideal für uns als Familie. Tagsüber kann ich alles mit kurzen Wegen im Erdgeschoss erledigen und habe dabei immer unseren Nachwuchs im Auge. Der großzügige Wohnraum bietet uns viel Fläche, um auch mal mehrere Familien mit Kindern einzuladen«, beschreibt die Bauherrin die funktionalen Vorzüge des Erdgeschossgrundrisses.

ORDNUNG GESCHAFFEN

Ein Funktionsriegel im Norden mit Hauswirtschaftsraum, Gäste-WC und einem separaten Büro ist über die Erschließungsachse mit Treppe von dem südorientierten Haupttrakt mit Küche, Ess- und Wohnraum klar getrennt. Im Obergeschoss setzt sich diese Anordnung fort. Hier sind im nördlichen Funktionsriegel Bad und Ankleide für das Elternschlafzimmer untergebracht. Das offene Treppenhaus ist über eine Galerie, die zu den Schlafräumen der Kinder und Eltern führt, mit dem Haupttrakt verbunden. Vom Elternschlafzimmer wiederum gelangt man über einen Steg, der mit einer Glasbausteinwand vom Luftraum abgeteilt ist, zur gegenüberliegenden Ankleide. Das Pultdach machte es möglich, eine Empore über den Kinderzimmern einzubauen, die zusätzlich von Norden Licht erhält. Lagerräume und eine Werkstatt befinden sich im Untergeschoss. Die funktionale Gliederung des Baukörpers setzt sich in der Fassadengestaltung fort: Der Nebenraumtrakt im Norden trägt eine schwedenrote Putzfassade, während der Wohntrakt mit einer naturbelassenen Holzschalung bekleidet ist. Ein Glasband im Bereich der Erschließungsachse trennt die beiden Baukörper voneinander.

»Ich habe mir ein außergewöhnliches Haus gewünscht, mit klaren Linien und wenig Grundfläche, das kostengünstig zu bauen und dennoch großzügig sein sollte – all das haben wir bekommen.«

GERHARD OSSIANDER

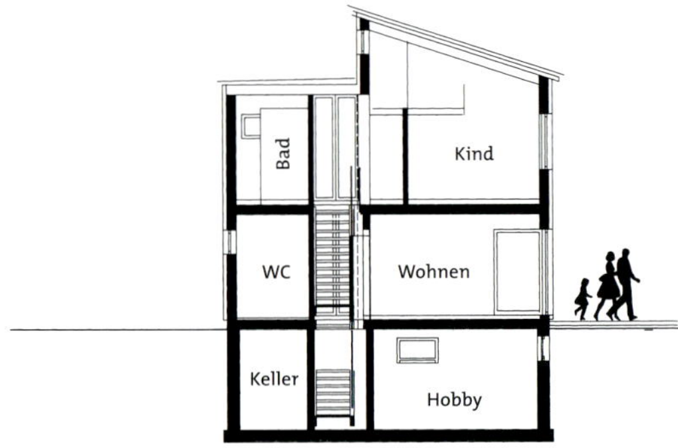

Schnitt

IM PROFIL

- **STANDORT:** 85283 Gosseltshausen/Wolnzach
- **BAUHERREN:** Gerhard Ossiander und Tanja Maier
- **GRUNDSTÜCKSGRÖSSE:** 914 m^2
- **GRUNDFLÄCHE:** 90 m^2
- **WOHNFLÄCHE:** 143 m^2
- **ZUSÄTZLICHE NUTZFLÄCHE:** 71 m^2 39 m^2 (Garage)
- **ANZAHL DER BEWOHNER:** 3
- **BAUWEISE:** Holzständerbau
- **BAUJAHR:** 2003
- **BAUKOSTEN PRO m^2 WOHN- UND NUTZFLÄCHE:** 1.700 Euro
- **EIGENLEISTUNG:** ca. 20.000 Euro
- **BAUKOSTEN GESAMT:** 243.000 Euro

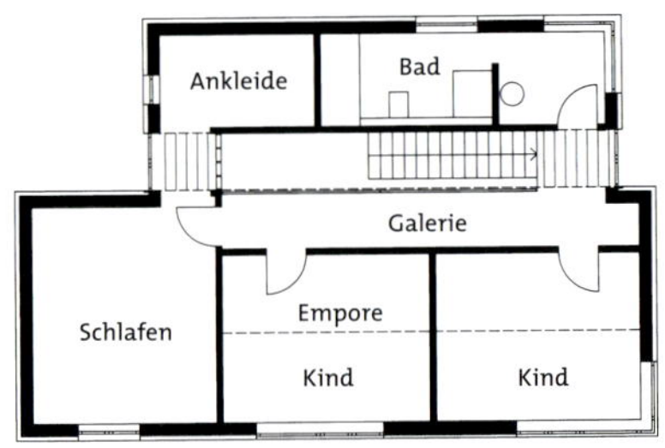

1:250

Obergeschoss

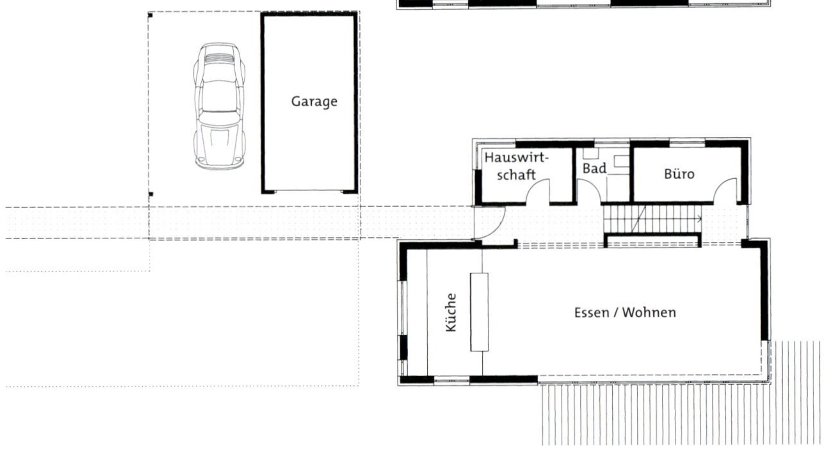

Erdgeschoss

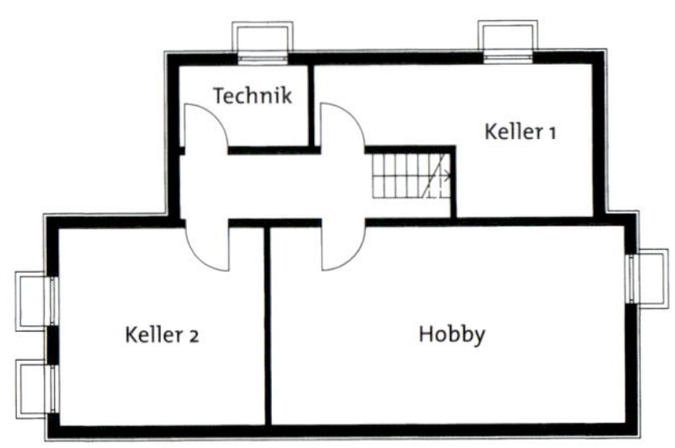

Untergeschoss

BEHAGLICHKEIT ERREICHT

Die Tatsache, dass es sich bei diesem Haus um ein so genanntes 3-Liter-Haus handelt – der Heizenergieverbrauch beträgt weniger als 3 Liter Heizöl pro Quadratmeter Wohnfläche und Jahr –, ist auf die hervorragende Dämmung mit Zellulose, Flachs und Holzwolldämmmatten, die in die Gefache der Holzständerkonstruktion eingebaut wurden, zurückzuführen. Eine Wandflächenheizung und Lehmputz an den Innenwänden, sowie Massivholzböden auf einem Trockenestrich aus Naturgipsplatten schaffen von Anfang an ein angenehmes Raumklima, da während des Bauprozesses keine Feuchtigkeit mit eingebaut wurde. Außen liegende Lamellenraffstoren dienen dem sommerlichen Wärmeschutz der großflächigen Fensteröffnungen auf der Südseite. Die biologischen Dämmmaterialien bewirken beim Wärmedurchgang eine so genannte Phasenverschiebung, was zu angenehmen Raumtemperaturen führt, da zeitweise auftretende Spitzentemperaturen, beispielsweise im Hochsommer, erst zeitverzögert an den Innenraum abgegeben werden. In die Außenwände sind mehrere dezentrale Lüftungsgeräte mit Wärmerückgewinnung integriert. Die Decken aus Brettstapelholz wurden oberflächenfertig eingebaut.

ZUFRIEDENHEIT ALS ERGEBNIS

Die Befreiung von den Vorgaben des Bebauungsplanes wirkt sich auch positiv auf die Energiebilanz des Hauses aus: Mit großen Glasflächen im Süden und einer Pufferspange im Norden ist es dem Architekten gelungen, das Gebäude durch die passiven solaren Wärmegewinne vom Energieverschwender zum Energiesammler zu machen. Die Familie wünschte sich ein außergewöhnliches Haus mit klaren Linien und wenig Grundfläche, das kostengünstig zu bauen und dennoch großzügig sein sollte. »All das haben wir bekommen«, stellt der zufriedene Bauherr fest.

Oben links: Eine zum Treppenraum hin offene Galerie verbindet die Schlafräume im Obergeschoss.

Oben rechts: An heißen Sommertagen unterbrechen die heruntergelassenen Lamellenraffstoren als wirksamer Sonnenschutz die sonst unbehinderte Blickbeziehung zwischen Wohnraum und Garten.

Sparsam, aber voll ausgestattet

HAUS ORTH IN TÜBINGEN-UNTERJESINGEN
JOACHIM ORTH, TÜBINGEN

Links: Der schlanke, zweigeschossige Baukörper bietet viel Raum auf wenig Fläche – zum Wohnen und Arbeiten unter einem Dach.

Unten: Die Liebe zum Detail äußert sich in vielen Kleinigkeiten, wie zum Beispiel der sorgfältig mit Laibungsrahmen in die Schalung eingesetzten Haustüre oder der Ganzglasecke am Küchenerker.

Behaglichkeit im Wohnraum entsteht auch durch die offene Holzfeuerstelle in Form eines alten Art-déco-Ofens.

Unterjesingen liegt malerisch im Ammertal am Rand des Naturparks Schönbuch, einem dem Albtrauf vorgelagerten Hügelland. Von dort schweift der Blick über die Wurmlinger Kapelle hinweg bis zur rauen Schwäbischen Alb. In zweiter Reihe, südlich der stark befahrenen Jesinger Hauptstraße liegt das nur 258 Quadratmeter große Grundstück, das sich als erschwinglich und bebaubar erwies. Der schlanke, zweigeschossige Baukörper erhebt sich über einer nur 6 x 12 Meter großen Grundfläche. Das ausgebaute Dachgeschoss mit Gaube erinnert in seiner Form und seiner Neigung mit den moderaten Dachvorsprüngen und den Dachranddetails an den Typus des schwäbischen Bauernhauses.

ANGEMESSEN UND WERTIG

Das Gebäude erläuternd führt der Bauherr und Architekt die Begriffe »Angemessenheit und Wertigkeit« an und bezieht sich dabei auf die Umgebung und die Nutzung des Hauses: »Es soll sich einfügen, es soll einen hohen Gebrauchswert haben, es soll nicht mehr scheinen als sein« – typisch schwäbische Tugenden also. Wertigkeit ist für ihn gleichbedeutend mit Dauerhaftigkeit, Zeitlosigkeit und einer soliden Bauweise. »Ich will es auch in dreißig Jahren noch anschauen können«, kommentiert der Architekt das Haus, das er für sich und seine Familie gebaut hat. Mit zwei Vollgeschossen zuzüglich dem Dachgeschoss und einer Drittel-Unterkellerung wurde Raum auf Vorrat geschaffen, in den die Familie hineinwachsen kann.

VOLLES RAUMPROGRAMM

Der Eingang auf der Nordseite führt zunächst in einen Vorraum, der sich diskret, gefiltert durch die zweiläufige Podesttreppe, zum Wohnzimmer und zur Küche öffnet. Ein schönes Detail ist der Küchenerker auf der Nordseite, der in den Vorgarten hineinragt, sodass dieser Bereich des Gartens von der Küche aus vollständig übersehen werden kann. Zwei große Doppeltüren öffnen den Wohnraum im Süden zu einer Terrasse mit Lärchenholzbelag. Im Obergeschoss ist Platz für zwei Schlafräume, ein Bad und eine Sauna, während das Dachgeschoss mit seinen zwei Arbeitsräumen dem Paar die Möglichkeit bietet, Wohnen und Arbeiten unter einem Dach zu verwirklichen. Die Aufenthaltsräume sind nach Süden orientiert. Küche und Flur bilden eine Pufferzone im Norden. Da das Haus aus Kostengründen nur zu einem Drittel unterkellert ist, wurde ein Teil der Nebenräume oberirdisch angelegt. Der große Abstellraum im Erdgeschoss dient als Speise und Vorratsraum, während der Schuppenanbau im Garten im Anschluss an den überdachten Carport geräumige Unterstellmöglichkeiten bietet.

Die besondere Wohnqualität innerhalb des Gebäudes zeigt sich in den überaus hellen Räumen, die ihren Charakter entsprechend der Tageszeit und den Lichtverhältnissen völlig ändern. Die üppige Raumhöhe im Wohnzimmer mit 2,80 Metern im Lichten und der Luftraum, der den Flur im Obergeschoss mit der Galerie im Dachgeschoss verbindet, tragen zum Charme der Innenräume bei.

»Es soll sich einfügen, es soll einen hohen Gebrauchswert haben, es soll nicht mehr scheinen als sein.«

JOACHIM ORTH

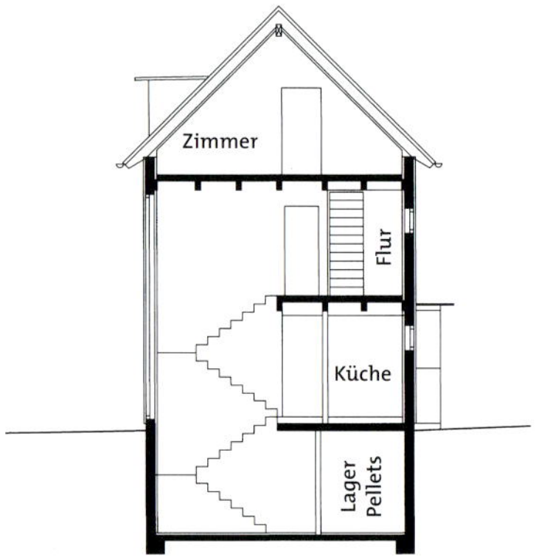

Schnitt

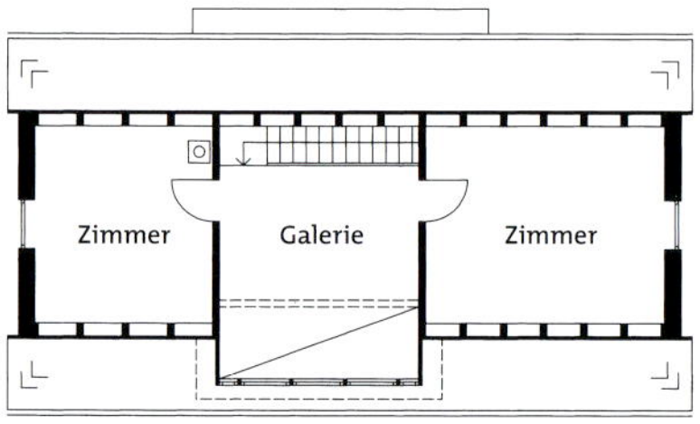

1:250

Dachgeschoss

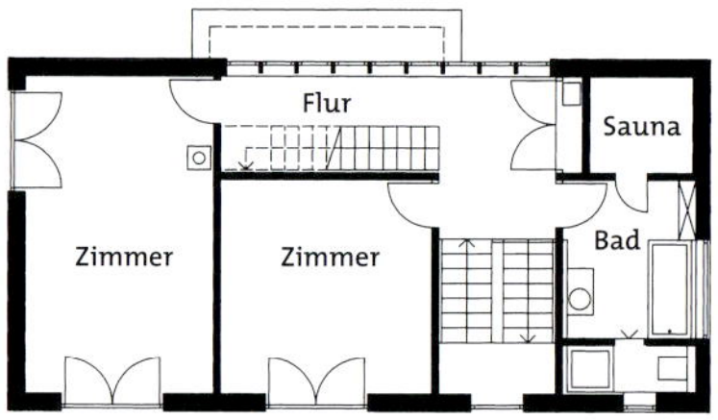

Obergeschoss

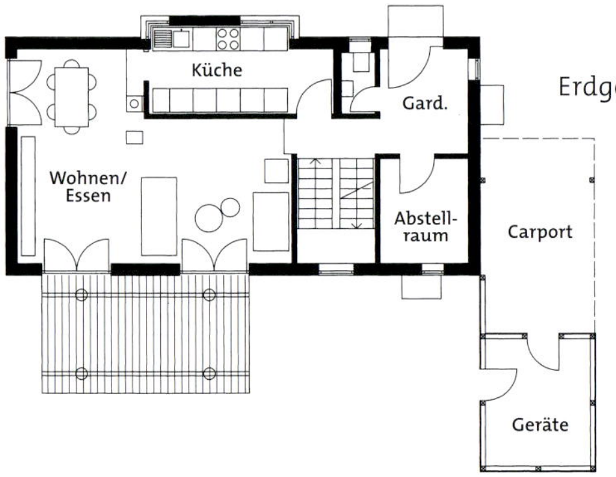

Erdgeschoss

IM PROFIL

- **STANDORT:** 72070 Tübingen
- **BAUHERREN:** Joachim und Nadja Orth
- **GRUNDSTÜCKSGRÖSSE:** 258 m²
- **GRUNDFLÄCHE:** 97 m²
- **WOHNFLÄCHE:** 150 m²
- **ZUSÄTZLICHE NUTZFLÄCHE:** 20 m²
- **ANZAHL DER BEWOHNER:** 3
- **BAUWEISE:** Holzrahmenbau
- **BAUJAHR:** 2002
- **BAUKOSTEN PRO m² WOHN- UND NUTZFLÄCHE:** 1.000 Euro
- **EIGENLEISTUNG:** Bau: 25.000 Euro; Außenanlage, Carport: 10.000 Euro
- **BAUKOSTEN GESAMT:** 170.000 Euro

SOMMEROASE FÜR DAS FAMILIENLEBEN

Der Carport mit dem anschließenden Schuppen schirmt den Freisitz im Süden ab. Das von blühenden Stauden gerahmte Deck nimmt einen Großteil der Freifläche ein, sodass im Sommer ein luftiges, blick- und windgeschütztes Wohnen unter freiem Himmel möglich ist. »Man kann auf einem Schotterweg rund um das Haus herumgehen. Da ist in einer Ecke auch noch Platz für eine Frischluft-Sitzecke mit Morgensonne. Das ist wichtig für das Raumgefühl«, meint der Bauherr.

ÖKOLOGIE UND SELBSTBAU

Neben ökologischen Aspekten war vor allem das Eigenleistungspotenzial für die Holzbauweise ausschlaggebend. So konnten neben den Dachdeckerarbeiten und der Außenschalung fast der gesamte Innenausbau in Eigenleistung ausgeführt werden. Dadurch gelang es der Familie, die Baukosten deutlich zu reduzieren, ohne auf qualitätvolle Details im Ausbau, wie bei der Auswahl von Materialien, Beschlägen und Armaturen, verzichten zu müssen. Andererseits waren ihm ökologische Qualitäten wichtig, erklärt der Architekt: »Die kompakte Bauweise mit großen Öffnungen nach Süden dient der passiven Solarenergienutzung. Mit der Holzbauweise ist sichergestellt, dass das Haus weitgehend aus nachwachsenden Rohstoffen besteht. 6 Quadratmeter Kollektorfläche und ein 750-Liter-Pufferspeicher gewährleisten die Warmwasserversorgung. Unsere Holz-Pelletheizung ist CO_2-neutral.« Im Lauf seiner Berufstätigkeit hat er seinen Sinn für die Bedeutung materialgerecht ausgeprägter Details an einfachen Objekten gebildet: »Eine schöne Zahnleiste unterm Giebel, die Stoßkanten der Lärchenverschalung an den Hausecken, mit einem Metallstreifen unterlegt, die Traufe mit Holz unterfangen, die Fensterlaibungen präzise in die Stülpschalung eingesetzt« – das sind die Details, die sein Credo von der Angemessenheit und Wertigkeit eines Hauses belegen.

Oben links: In seiner Ausladung genau auf die Breite der Küchenarbeitsfläche abgestimmt bietet der Küchenerker über die Eckfenster Blickbeziehungen zum Vorgarten.

Oben rechts: Der Erschließungsraum zum Dachgeschoss mit Stahltreppe und Galerie wird durch das Fensterband spannungsvoll belebt.

Wohnen mit Kunst

HAUS ECKERT IN MÜNCHEN-GRÜNWALD
GASSNER & ZARECKY, RIEMERLING

Links: *Großflächige Fenster in der Giebelseite öffnen den kompakten Baukörper. Längsseiten und Dach sind durchgehend von einer Schalung aus Holzlamellen umgeben, in die das Haus wie eingewoben erscheint.*

Unten: *Mit einer großzügigen Geste tritt das Vordach über dem Eingang aus dem ansonsten geschlossenen Baukörper hervor.*

Die eingeschnittene Terrasse holt den Garten ins Haus herein. Durch die Einbuchtung zwischen Wohn- und Essbereich entsteht eine Zwischenzone, in der sich die Kinder sichtlich wohl fühlen.

»Nachdem wir mehrere Jahre zur Miete gewohnt hatten, ergab sich die Gelegenheit, ein Grundstück in der näheren, uns und unseren Kindern vertrauten Umgebung zu kaufen. Vorausgegangen waren einige vergebliche Anläufe, hier ein geeignetes Haus zu erwerben, das sowohl unseren Platzbedürfnissen als Familie als auch unseren gestalterischen Ansprüchen an eine geradlinige und unkonventionelle Architektur entsprach. Zudem mussten wir einem relativ knappen Budget Rechnung tragen.« So beschreiben die Bauherren die Ausgangssituation für ihr Familienhaus in München-Grünwald. »Daher trafen wir die Entscheidung, unsere Vorstellungen mit einem Architekten zu verwirklichen. Zur Auswahl führten wir Vorgespräche mit verschiedenen Büros. Besonderen Wert legten wir dabei auf gegenseitiges Verständnis, Diskussionsbereitschaft und glaubwürdige Überzeugungskraft.«

HAUS ALS HOLZSKULPTUR

Was die Architekten schließlich vorfanden, war ein schönes Grundstück in einem vorhanden Geviert mit typischen Siedlungshäusern aus dem frühen 20. Jahrhundert mit charakteristischen Steildächern und ohne Dachüberstände. »In mehreren Sitzungen haben wir Gestaltungsvorstellungen und Raumprogramme gemeinsam erarbeitet. Dabei spielte insbesondere auch die Analyse von Wohnbedürfnissen und unterschiedlichen Wohngefühlen eine entscheidende Rolle. Diese war sowohl bei der Entwurfsentwicklung als auch bei der Materialwahl von großer Bedeutung«, führen die Bauherren weiter aus. Für die an bildender Kunst äußerst interessierte Familie mit zwei Kindern konzipierten die Architekten ein besonderes Haus, das sowohl in seinem Inneren als auch in dem umgebenden Garten vielfältige Möglichkeiten zur Integration von Kunst bietet. Dabei behandelten sie das Grundstück wie eine Leinwand und teilten es in mehrere »Gestaltungsstreifen« auf, wobei sich das Haus selbst als plastischer Körper aus einem von Holzlamellen gebildeten, quer über das Grundstück verlaufenden mittleren Streifen erhebt. Der Eingang, die längsseitigen Fensteröffnungen, ein Fensterband im Dach sowie das westorientierte Atrium einschließlich der Pflanzflächen im Garten erscheinen als Aus- und Einschnitte in dieser Lamellenoberfläche, die das Haus in ostwestlicher Richtung überzieht. Holz erweist sich hier als universaler Baustoff für Boden, Dach und Wand.

»Auch noch während des Bauprozesses ermöglichten die Architekten uns Entscheidungen und Änderungen, auf die wir uns in der Planungsphase noch nicht festlegen konnten.«

EVA UND FRITJOF ECKERT

»Durch die enge Zusammenarbeit mit unseren Architekten entstand ein individuell an unseren Bedürfnissen orientierter Entwurf, der in jeder Phase mit den finanziellen Möglichkeiten abgeglichen wurde.«

EVA UND FRITJOF ECKERT

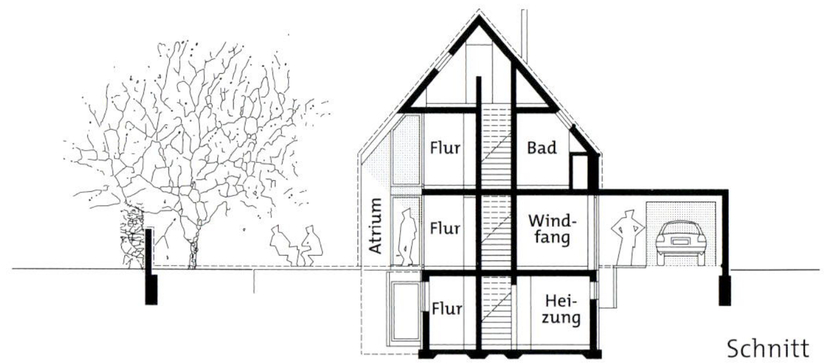

Schnitt

1:250

IM PROFIL

- **STANDORT:**
  82031 Grünwald
- **BAUHERREN:**
  Eva und Fritjof Eckert
- **GRUNDSTÜCKSGRÖSSE:** 791 m²
- **GRUNDFLÄCHE:** 107 m²
- **WOHNFLÄCHE:** 167 m²
- **ZUSÄTZLICHE NUTZFLÄCHE:** 94 m²
- **ANZAHL DER BEWOHNER:** 4
- **BAUWEISE:**
  Massivbau
- **BAUJAHR:** 2004
- **BAUKOSTEN:**
  keine Angaben

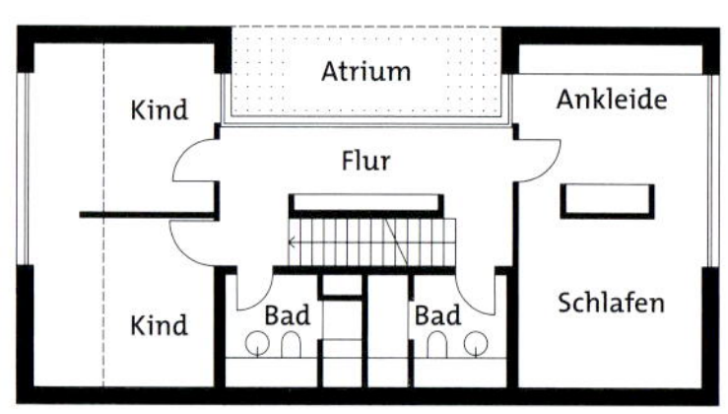

Obergeschoss

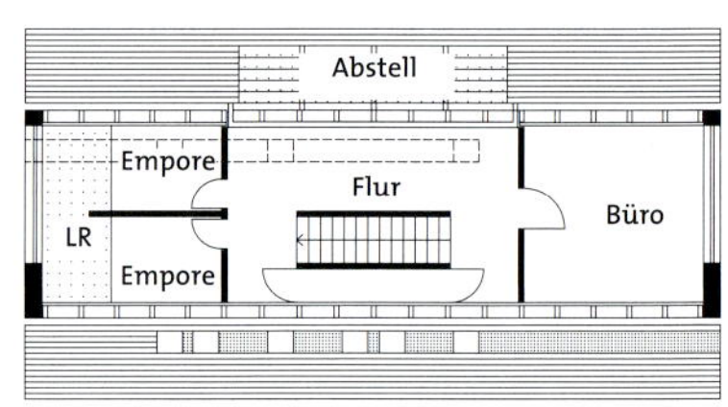

Dachgeschoss

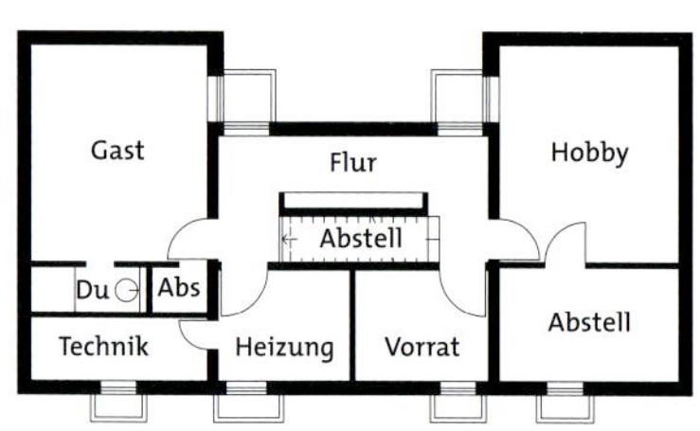

Untergeschoss

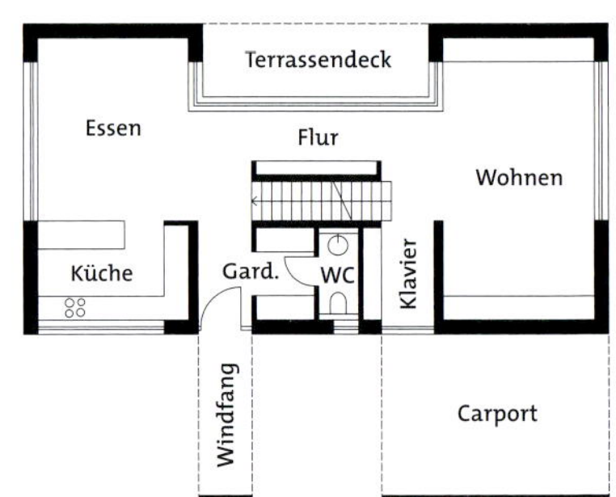

Erdgeschoss

GRAFISCHE RAUMKOMPOSITION

Die Streifen sind jedoch nicht nur Gestaltungsmittel, sondern ermöglichen auch einen allmählichen Übergang von der öffentlichen Straße in einen halb öffentlichen Bereich, der Stauraum für ein Auto, für Fahrräder und die Müllverwahrung bietet. In Anlehnung an den Straßenraum sind diese Funktionen mit Beton und Betonsteinen gefasst. Ein südlicher Grünstreifen bildet den klassischen Vorgarten mit Rasenflächen und vereinzeltem Buschwerk. Daran schließt sich der Streifen aus Holzlamellen an, in den das Haus wie eingewoben erscheint. Der Grünstreifen hinter dem Gebäude dient als Spielwiese. Am nördlichen Rand des Grundstücks bildet ein Spielstreifen mit Schaukel, Sandkasten und Abstellraum den Abschluss dieser grafisch reizvollen und räumlich sinnvollen Komposition. Weitere Kunststreifen, wie zum Beispiel ein skulpturaler Stahlstreifen können nach Belieben ergänzt werden. »Durch die enge Zusammenarbeit mit unseren Architekten entstand somit ein individuell an unseren Bedürfnissen orientierter Entwurf, der in jeder Phase bis zur letzten Fassung mit den entsprechenden finanziellen Möglichkeiten abgeglichen wurde«, schildern die Bauherren den Planungsprozess.

INDIVIDUELLE GESTALTUNG

Das Haus wendet sich allen Himmelsrichtungen zu und entfaltet einen individuell gestalteten Lebensraum für die Familie. Betritt man das Gebäude von Osten her, wird der Blick unweigerlich auf die gegenüberliegende holzgedeckte Westterrasse gelenkt, die wie ein Atrium in das Volumen des Hauses eingeschnitten ist. So entsteht in der Mitte des Gebäudes eine Einschnürung, die die Treppe und die Nebenräume aufnimmt und auf fast natürliche Weise den nach Süden orientierten Essbereich mit Küche und den nach Norden gerichteten Wohnraum gleichermaßen trennt und verbindet. Diese Taillierung des Hauses charakterisiert auch das Obergeschoss mit Elternschlafzimmer und Ankleide im Norden, zwei nach Süden orientierten Kinderzimmern und einer dazwischen geschalteten Spange aus Nassräumen. Das mit Glasflächen bis unters Dach gezogene Atrium lenkt das Licht in die Mitte des Hauses und bewirkt damit den hellen und freundlichen Innenraumeindruck. Unter dem steilen Dach konnte sogar noch eine zweite Ebene eingezogen werden: Die beiden Kinderzimmer im Südgiebel erhielten hier eine Empore, die den Kindern eine »Redoute arrière« als Rückzugsmöglichkeit bietet, während der Raum im Nordgiebel als Büro genutzt wird.

Oben links: Lichtdurchflutet und offen zeigt sich der Wohnbereich im Erdgeschoss und orientiert sich allseitig zum Garten.

Oben rechts: Auch im Obergeschoss dringt über die Loggia Licht in die Erschließungszone zwischen den Schlafbereichen. Einbauschränke nutzen den Raum unter der Dachschräge.

Mit zwei Gesichtern

HAUS DR. UNTERHOLZNER IN KAUFBEUREN
STADTMÜLLER.BURKHARDT.ARCHITEKTEN, KAUFBEUREN

Links: Zum Garten hin ist die Fassade vollständig verglast, während alle übrigen Seiten des Hauses von hoch wärmegedämmte Wänden umgeben sind. Das begrünte Pultdach steigt nach Süden an und findet in der mit Solarkollektoren besetzten Überdachung der Loggia seinen logischen Abschluss.

Unten: Das Vordach fasst Eingangbereich und angrenzenden Carport optisch zu einer Einheit zusammen. Die leuchtend rote Haustür sorgt für einen kräftigen Farbakzent.

Auf der Nordseite rückt das Haus dicht an die Grundstücksgrenze heran und schirmt sich mit sparsamen Öffnungen und dem eingeschobenen Carport gegen die Straße ab.

»Die wichtigste und schönste Zeit beim Hausbau war für mich die Planungsphase. Mit viel Fantasie und Mut zusammen mit dem Architekten den Wunschtraum vom eigenen Haus zu entwerfen und dann zu erleben, wie eigene Ideen Wirklichkeit werden, ist ganz spannend und erfüllend.« Ein schöneres Kompliment hätte der Bauherr seinem Architekten gar nicht machen können. Im Vorfeld der Planung hatte sich die Familie zunächst umfassend informiert und sich dabei auch Fertig- und Musterhäuser angesehen. Über den Freundeskreis lernten sie den Architekten kennen und waren schnell von den Vorteilen eines individuell geplanten Hauses überzeugt. Nahe beim Arbeitsplatz der Eltern und auch nicht weit vom Gymnasium entfernt bot der Bauplatz in unmittelbarer Nähe zur Altstadt von Kaufbeuren in einem sonnigen, ruhigen Baugebiet die besten Voraussetzungen für die Realisierung des Projekts. In den Gesprächen mit dem Architekten zeigte sich bald, dass es ein nach Süden orientiertes, helles Haus mit einem offenen Wohn-, Ess- und Kochbereich im Erdgeschoss und großen Kinderzimmern im Obergeschoss werden sollte. Um viel Platz für den Garten zu lassen, sollte das Baufenster optimal ausgenutzt werden. Ebenfalls wichtig war den Bauherren eine energetisch günstige Bauweise.

SCHLANKE LINIE

Aus diesen Vorgaben entstand ein kompaktes, lang gestrecktes Gebäude, das fast die gesamte Breite des Grundstücks einnimmt und im Norden dicht an die Grenze rückt. An der Straßenseite ist der Carport wie eine große Tasche in den Baukörper eingeschnitten und bietet einen bequemen Nebeneingang für die Küche. Der eigentliche Zugang zum Haus liegt ebenfalls auf der Nordseite im Anschluss an den Carport, dessen verlängertes Dach den Eingangsbereich überdeckt. Die Ansicht wird von einer Nebenraumspange mit Treppenhaus bestimmt und wirkt mit den wenigen, aber ausdrucksvoll angeordneten Fensteröffnungen eher geschlossen. Funktional bilden die Nebenräume eine Art Vorzone zu dem durchgängigen Wohn-, Ess- und Kochbereich, der mit seinen raumhohen Glaswänden nach Süden ein vollkommen anderes Gesicht des Hauses zeigt. Nach außen öffnende Doppeltüren führen im Erdgeschoss auf eine breite lärchenholzgedeckte Terrasse, die schwellenlos an den Wohnbereich anschließt und sich über die gesamte Gebäudelänge erstreckt. Auf diese Weise wird der Wohnraum um 3 Meter ins Freie erweitert und geht anschließend nahtlos ins Rasengrün über. Durch das Zurücksetzen der Glasebene entsteht eine nach Süden gerichtete Loggia, die trotz der städtebaulichen Dichte einen hohen Grad an Privatheit ermöglicht.

EINFACH PRAKTISCH

Das Obergeschoss kragt teilweise über den Carport aus, sodass sich der Grundriss merklich aufweitet und auf der Nordseite Raum für ein über Eck verglastes Arbeitszimmer bietet. Auf zwei gleich große und mit jeweils 16 Quadratmetern recht geräumige Kinderzimmer haben die Eltern besonderen

»Das Haus ist groß genug für unsere Familie, aber nicht zu groß, sodass man später auch gut zu zweit darin wohnen kann.«

DR. GABRIELE UNTERHOLZNER

Wert gelegt und dafür sogar für sich selbst ein kleineres Schlafzimmer in Kauf genommen. Auch hier sind die Räume nach Süden voll verglast und über die schmale Loggia miteinander verbunden. Neben dem Freiluftvergnügen hat diese auch praktische Seiten zu bieten: Als vorspringende Umrahmung der Glasflächen schützt sie das Erdgeschoss vor allem gegen die steil einfallende Sommersonne. Zudem lassen sich von dem Mini-Balkon aus die großen Glasflächen problemlos von außen reinigen. »In der Verwandtschaft stößt der Baustil auf große Zustimmung – nur die großen Fensterflächen seien eine Fehlplanung, weil man zu viel putzen müsse«, berichtet der Bauherr. Was jedoch, wie er hinzufügt, gar nicht stimme, da sich große Flächen viel leichter und rascher putzen ließen als mehrere kleine Fensterscheiben.

NICHT ZU GROSS UND NICHT ZU KLEIN

Zusätzlicher Raum für die Familie wurde im Untergeschoss vorgesehen: Neben dem Keller befindet sich ein separater Gästebereich mit Bad, der derzeit von einem Aupairmädchen bewohnt wird. Bepflanzte Stufen schaffen einen harmonischen Übergang vom Fenstersims bis zum Gartenniveau und sorgen für eine ausreichende Tagesbelichtung dieses Zimmers. Nach den Vorstellungen der Bauherren kann der Bereich später entweder von einem Kind, einem Großelternteil oder einer Pflegekraft genutzt werden. Besonders vorteilhaft ist der direkte Zugang über die Treppe vom Nebeneingang im Bereich des Carports.

»Einerseits groß genug für unsere Familie, andererseits aber nicht zu groß, sodass man später auch gut zu zweit darin wohnen kann«, fasst die Bauherrin die Vorzüge der kompakten Bauweise zusammen. Ihren Freunden empfehlen die Bauherren: »Plant und baut mit einem Architekten eures Vertrauens. Man kann so sein Traumhaus viel besser verwirklichen, weil man einen Planer und Partner zur Seite hat, der Ideen und Fachkompetenz einbringt, sich um die Durchführung des Hausbaus kümmert und einem so viel Ärger und Fehler erspart. Das Architektenhonorar amortisiert sich durch die Einsparung an Fehlentscheidungen und nachträglichen Änderungen sowie durch den kompetenten Umgang mit Handwerkern und deren Rechnungen.«

Oben: Gabriele und Peter Unterholzner, hier mit ihren Töchtern Veronika und Carla, sind von den Vorteilen eines individuell geplanten Hauses überzeugt.

Links und unten: Der offene Wohnbereich im Erdgeschoss ist ein beliebter Aufenthaltsraum. Über eine durchgehende Glasfront an der Südseite wird er üppig mit Licht versorgt. Der große Esstisch eignet sich nicht nur für gemeinsame Mahlzeiten, sondern auch für Hausaufgaben und Spiele. Eine frei im Raum stehende Kochinsel bietet ausreichend Platz für Küchen-Teamarbeit.

Oben: Hell und freundlich wirken die Innenräume mit Kirschholzparkett im Wohnbereich und einem im Farbton angeglichenen Fliesenbelag im Eingangsflur.

»Die Kinder finden unser Haus zu ausgefallen und hätten lieber ein Haus mit steilem Dach und roten Fensterläden gehabt – sie freuen sich aber über ihre schönen großen, hellen Kinderzimmer.«

DR. PETER UNTERHOLZNER

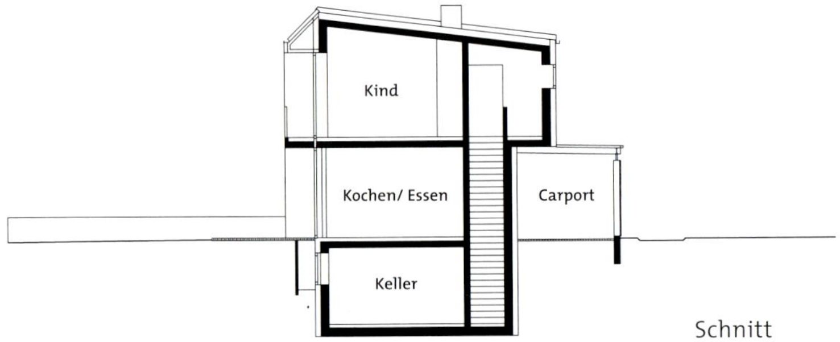

Schnitt

IM PROFIL

- **STANDORT:** 87600 Kaufbeuren
- **BAUHERREN:** Dr. Gabriele und Dr. Peter Unterholzner
- **GRUNDSTÜCKSGRÖSSE:** 426 m²
- **GRUNDFLÄCHE:** 96 m²
- **WOHNFLÄCHE:** 191 m²
- **ZUSÄTZLICHE NUTZFLÄCHE:** 76 m²
- **ANZAHL DER BEWOHNER:** 4
- **BAUWEISE:** Massivbau mit Wärmedämmverbundsystem
- **BAUJAHR:** 2003
- **BAUKOSTEN PRO m² WOHN- UND NUTZFLÄCHE:** 1.254 Euro
- **EIGENLEISTUNG:** 4.000 Euro
- **BAUKOSTEN GESAMT:** 335.000 Euro

1:250

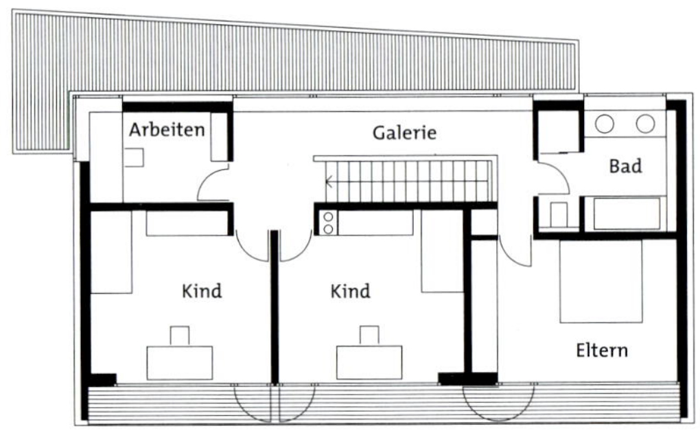

Obergeschoss

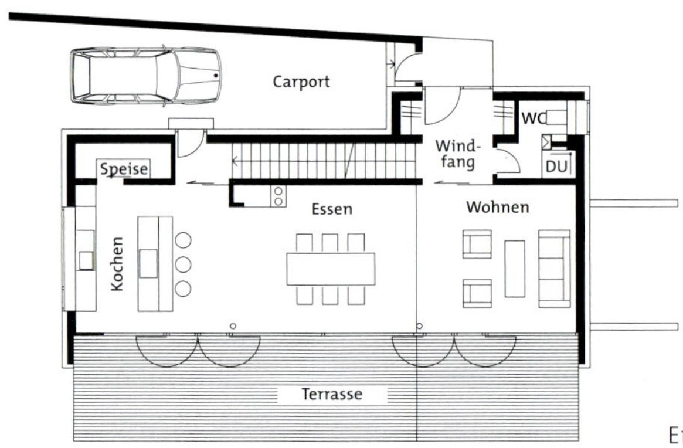

Erdgeschoss

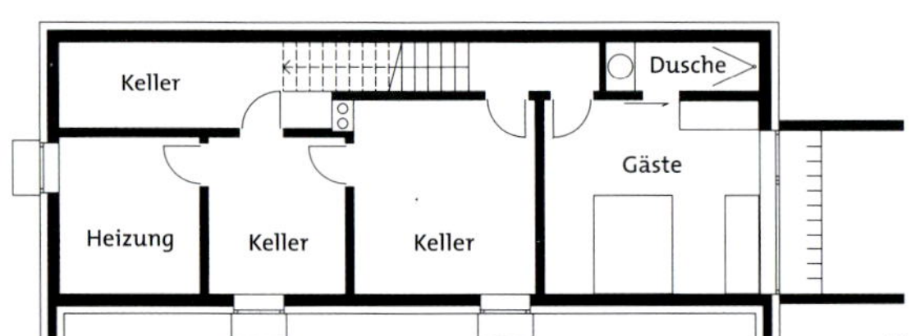

Untergeschoss

Im Obergeschoss öffnen sich die Schlafräume der Eltern und Kinder auf eine schmale durchgehende Loggia, sodass die Zimmer auch von außen miteinander verbunden sind – bestens geeignet für einen Plausch unter Schwestern.

Oben: Ein langes Fensterband öffnet die Fassade im Norden und lässt Tageslicht auf Galerie und Treppe fallen.

Rechts: Ein 3 Meter breites Holzdeck erweitert den Wohnraum ins Freie.

Offen für Veränderungen

HAUS KRIEGER IN SAMERBERG
KRIEGER ARCHITEKTEN, SAMERBERG

Links: *Bei schönem Wetter verlagern sich die Aktivitäten ins Freie. An regnerischen Tagen schützt der weite Dachüberstand die filigranen Holzfassaden.*

Unten: *Als vielfältig nutzbare Übergangszone zwischen innen und außen erweist sich das vorgelagerte Holzdeck auf der Südseite.*

Eine Kiesfläche mit eiszeitlichem Findling bildet die Vorzone zwischen Straße und Garten. Das Kupferdach hat bereits Grünspan angesetzt und fügt sich in ortstypischer Bauweise unter den weißblauen Himmel Bayerns.

Die Kulturlandschaft Oberbayerns steigt nach Süden von der Donau zu den Alpen an und wird bestimmt von sanften Hügeln, die zusammen mit den in der Eiszeit entstandenen Flüssen und Seen das reizvolle Alpenvorland bilden. Die idyllische Lage der kleinen Ortschaft Samerberg im Chiemgau war es auch, die die vierköpfige Familie Krieger dazu bewog, hier ihr neues Domizil zu errichten. Aber auch andere Vorteile lagen auf der Hand: »Nur wenige Schritte sind es zum Kindergarten, zum Wirt, zur Kirche und zum Dorfkrämer ...«, so erläutert der Hausherr und Architekt die Nähe zum gewachsenen Ortskern.

GUT BEDACHT

Typisch für die seit alters her als Weideland genutzte Landschaft waren ursprünglich flach geneigte Legschindeldächer, die schon bald auch als Stehfalzdächer aus Blech ausgebildet wurden. Im niederschlagsreichen Voralpengebiet kommt dem Dach als Witterungsschutz eine besondere Bedeutung zu: Eine allseitige, weite Auskragung dient nicht nur dem konstruktiven Holzschutz der Fassaden, sondern bildet zudem eine überdachte Vorzone rings ums Haus. Bei diesem Beispiel sind es nur wenige, bewusst verwendete Strukturformen und Materialien, die eine eindeutige Beziehung des Hauses zur Landschaft herstellen. Damit hat der Bauherr viel erreicht: Ohne die Möglichkeiten der modernen Architektur zu verleugnen, gelang es ihm, den Neubau widerspruchsfrei in die dörflich geprägte Umgebung einzufügen.

BÜRO IM HAUS

Das Erdgeschoss gliedert sich in zwei Bereiche: in den nach Süden orientierten Wohn- und Essbereich mit offener Küche und den im Norden angeordneten Bürotrakt. Ein Vordach verbindet die Eingänge der beiden Nutzungsbereiche. Das Büro ist als selbstständige Einheit vom Erdgeschossgrundriss abgetrennt und kann zukünftig auch als eigenständiges Apartment genutzt werden.

FLEXIBILITÄT GROSSGESCHRIEBEN

In seiner Aufteilung zeigt das Obergeschoss ebenfalls den Entwurfsgedanken der Variabilität. Möglichkeiten einer späteren Erweiterung sind bereits mit eingeplant: Während die Schlafräume für die beiden Töchter und die Eltern zusammen mit dem Bad eine kompakte Raumgruppe bilden, sind Galerie und Arbeitsraum nutzungsoffene Zonen. Einerseits sind die einzelnen Funktionsbereiche des Hauses klar definiert und bieten jedem Familienmitglied individuelle Rückzugsmöglichkeiten, andererseits gibt es eine Fülle kommunikativer Zonen zur Entfaltung des Familienlebens. Dazu gehört der offene Wohn-, Ess- und Kochbereich mit den vorgelagerten Holzterrassen ebenso, wie der über den Luftraum angeschlossene Galeriebereich. Hier zeigt sich das Haus als offener Lebensraum, in dem Eltern und Kinder jederzeit in Sicht- und Hörweite sind. Den freundlichen und einladenden Charakter des Hauses beschreiben die beiden Töchter so: »Unser Haus ist ein Haus zum (F)feste Feiern.«

»Mein Lieblingsplatz ist auf dem Baum neben dem Holzdeck.«

VIKTORIA, 12 JAHRE

PLANUNG MIT WEITBLICK

Bei anderen Familien- oder Nutzungskonstellationen kann das Haus den jeweiligen Erfordernissen angepasst werden. Bei zusätzlichem Bedarf an Wohnraum werden zum Beispiel die Galerie oder der Luftraum geschlossen, um damit weitere separate Individualräume zu gewinnen. Aus dem Büroteil mit dem kleinen Duschbad wird ohne großen Aufwand ein Apartment. Vorkehrungen wie eine Aussparung in der Kellerdecke und Anschlüsse für Wasser und Abwasser ermöglichen den nachträglichen Einbau einer Küchenzeile. Eine weitere Nutzungsvariante für die Zeit, wenn die Kinder das Haus verlassen haben, besteht darin, in der Art eines Doppelhauses zwei nebeneinander liegende, zweigeschossige Wohnungen zu schaffen. Entsprechende Vorkehrungen wurden ebenfalls bereits getroffen: Ein herausnehmbares Deckenelement ermöglicht den Einbau einer zusätzlichen Treppe ins Obergeschoss.

BAUEN MIT SYSTEM

Das Haus wurde in Holzrahmenbauweise mit Brettstapeldecken erstellt und war innerhalb von 12 Tagen bezugsfertig. Sämtliche Decken- und Wandelemente einschließlich Fenstern und Außentüren wurden in der Werkstatt vorgefertigt und waren mitsamt dem Dach in drei Tagen montiert und regendicht. Zwischen der Verwendung traditioneller Baustoffe und der Industrialisierung des Bauprozesses muss kein Widerspruch sein – Architektur zeigt sich hier als Fortschreibung des Bewährten mit zeitgemäßen Mitteln.

MATERIALKONTRASTE

Die Dachdeckung besteht aus Kupferstehfalzblech, die Wetterschale der hinterlüfteten Außenwandkonstruktion aus einer waagrechten, überfälzten Lärchenholzschalung. Bündig in die Fassade eingelassene, nach außen zu öffnende Fenster und Türen in weiß gestrichenen Rahmen heben sich vom Naturholzton der Schalung ab. Dieser Kontrast setzt sich im Inneren fort, wo weiß gehaltene Trockenbauwände gegen die geölten Ahorndielen der Aufenthaltsbereiche und die schwarzen Terracotta-Platten der Nebenraumzone gesetzt sind.

Oben: Mit einer giebelseitigen Festverglasung löst sich der Dachstuhl von dem regelmäßigen Baukörper und verleiht dem Haus durch die Ablesbarkeit der Konstruktion Maß und Proportion.

»Unser Haus bedeutet mehr Lebensqualität«, darin sind sich Viktoria, Peter, Florentine und Vicki Krieger einig.

Oben: Hier zeigt sich der wahre Luxus des Landlebens mit Ruhe, guter Luft, schöner Aussicht und der fußläufigen Entfernung zu Wirt, Kirche und Dorfkrämer.

Rechts: Eine der Funktion entsprechende Materialwahl bewirkt den eleganten Innenraumeindruck, bei dem eine schlanke Stahlstütze und die filigrane Stahltreppe den Raum nur akzentuieren, nicht aber unterbrechen.

»Wohnen auf dem Land bedeutet, natürliche Freiräume vor der Tür zu haben, ohne sich dafür ins Auto setzen zu müssen.«

VICKI KRIEGER

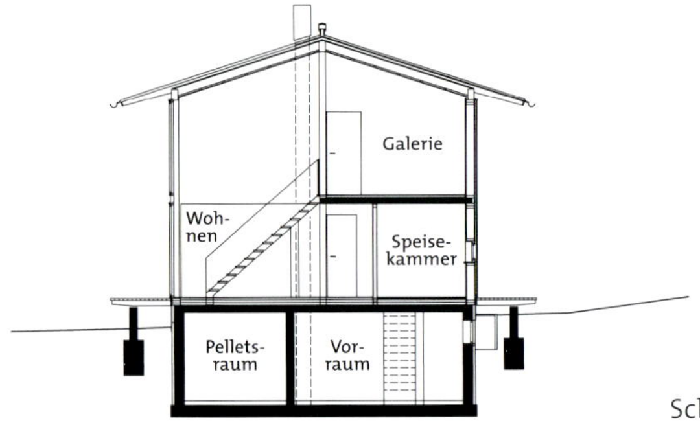

Schnitt

IM PROFIL

- **STANDORT:** 83122 Samerberg
- **BAUHERR:** Peter Krieger
- **GRUNDSTÜCKSGRÖSSE:** 435 m²
- **GRUNDFLÄCHE:** 119 m²
- **WOHNFLÄCHE:** 182 m²
- **ZUSÄTZLICHE NUTZFLÄCHE:** 94 m²
- **ANZAHL DER BEWOHNER:** 4
- **BAUWEISE:** Holzrahmenbau
- **BAUJAHR:** 2001
- **BAUKOSTEN PRO m² WOHN- UND NUTZFLÄCHE:** 1.300 Euro
- **EIGENLEISTUNG:** 15.000 Euro
- **BAUKOSTEN GESAMT:** 265.000 Euro

1:250

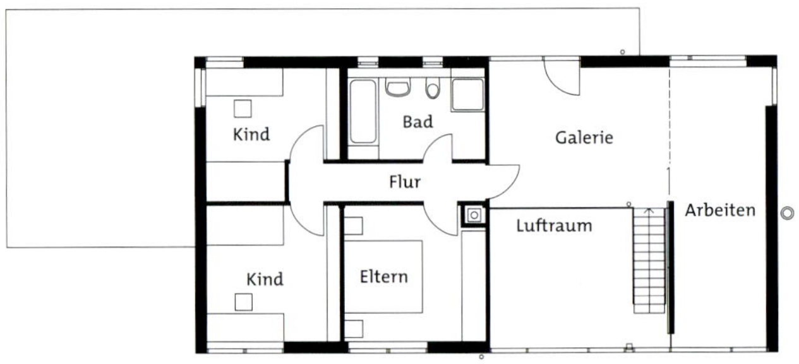

Obergeschoss

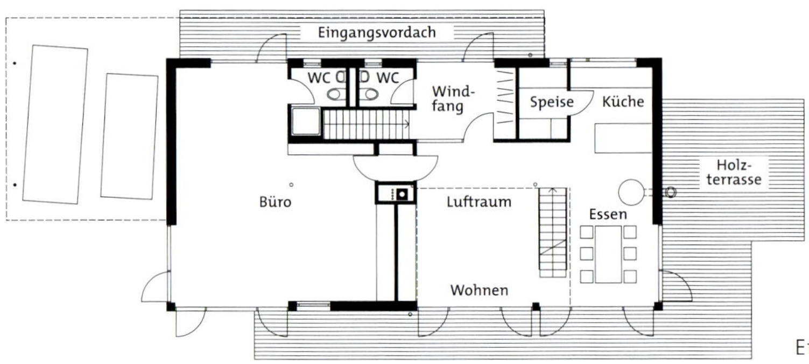

Erdgeschoss

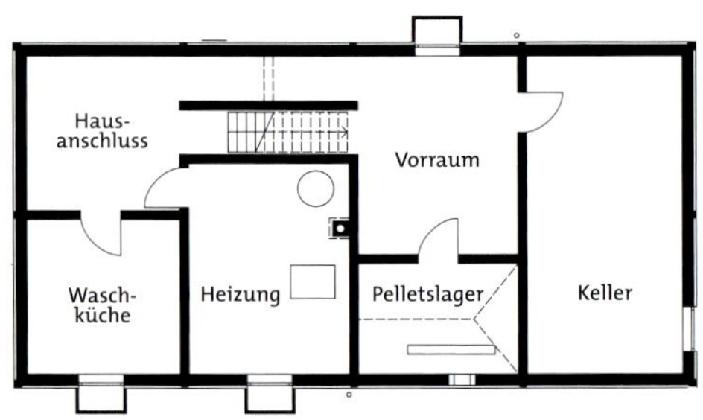

Untergeschoss

Blick in die zum Wohnraum hin offene Küche. »Wenn die Sonne scheint, erleben wir das Haus als Sonnenuhr – Licht und Schatten zeigen uns die Tages- und Jahreszeiten«, sagt Peter Krieger.

Oben: Viktoria freut sich über ihr eigenes Reich. »Gemütlich ist es, wenn es draußen regnet und ich es mir in meinem Zimmer bequem gemacht habe und lese«.

Rechts: Auch die Galerie über dem Wohnraum ist ein beliebter Familientreffpunkt. »Herrlich, so viel Platz für einen allein und für alle zusammen«, finden Viktoria und Florentine.

Mit Aussicht auf die Ritterburg

HAUS GÖTZ IN SINGEN AM HOHENTWIEL
SIEGENFÜHR GASSNER ARCHITEKTEN

Links: Auf dem steil nach Süden abfallenden Grundstück entfaltet sich individuelle Wohnqualität auf drei Ebenen mit vielfältigen Beziehungen zum Garten.

Unten: So als wäre er schon immer dagewesen, fügt sich der Neubau in das stadtnahe Wohngebiet unter dem Hohentwiel.

Links außen: Auf der Nordseite abgeschirmt öffnet sich der Hauseingang zu einem kleinen Hof. Die Loggia im Obergeschoss ist zugleich Schutzdach für den Eingangsbereich.

Links: Die Galerie verleiht dem Wohnraum Großzügigkeit und Noblesse.

Was macht man mit einem kleinen Grundstück von gerade einmal 295 Quadratmetern, das zudem noch ein starkes Gefälle aufweist und auf dem zwei Garagen stehen? Und auf dem ein Haus für eine immerhin sechsköpfige Familie entstehen soll? Mit dieser schwierigen Ausgangssituation sahen sich die Bauherren konfrontiert, nachdem sie den Entschluss gefasst hatten, eine Restfläche auf dem elterlichen Grundstück am Rande der Singener Innenstadt für ihr neues Domizil zu nutzen. Trotz der minimalen Parzellengröße gelang es den Architekten, durch geschickte Positionierung und Grundrissorganisation ein erstaunlich geräumiges Wohnhaus entstehen zu lassen, das auf der Hangseite sogar noch ausreichend Platz für einen sichtgeschützten Garten lässt.

EINGANG MIT SIGNALWIRKUNG

Ausrichtung und Gestalt des Gebäudes orientieren sich in Form und Lage an dem nur eingeschränkt zu bebauenden Grundstück, das nach Süden hin stark abfällt. Eine bestehende Mauer bildet die Grenze zu den benachbarten Gärten und Streuobstwiesen. Damit der Neubau überhaupt möglich war, war zunächst ein Teilabbruch der alten Doppelgaragen erforderlich. Um das kleine Areal optimal zu nutzen, setzten die Architekten den schmalen, lang gestreckten Baukörper mit den tief eingeschnittenen Öffnungen unmittelbar an die Gehwegkante. Zur Straße hin nur zweigeschossig konnten somit nach Süden drei vollbelichtete Wohngeschosse ausgebildet werden. Der Gebäudeeinschnitt an der spitzen Ecke des Hauses signalisiert den Eingang. Durch eine offene Loggia geschützt verbindet die verglaste Haustür Eingang, Hof und Straße und gestattet Ein- und Ausblicke, ohne dabei etwas vom Innenleben des Hauses preiszugeben.

WOHNEN AUF DREI EBENEN

Im Erdgeschoss bilden Windfang, Wohn- und Essbereich, Galerie und Küche eine offene Raumfolge. Alle Wohnräume sind von der Straße abgewandt, nach Süden und Westen orientiert und jeweils individuell mit dem Außenraum verbunden. Im Untergeschoss haben die Eltern ihren eigenen Wohn- und Schlafbereich, von dem aus sie direkt in den kleinen, blickgeschützten Garten gelangen. Eine Veranda vor der Küche im Erdgeschoss führt zur großen Terrasse auf Hofniveau. Wer die schöne Aussicht auf den Hohentwiel oder in den Hof und zur Stadt genießen will, setzt sich in eine der giebelseitigen Loggien im Obergeschoss. Zwei hintereinander angeordnete, geradläufige Treppen entlang der nördlichen Außenwand verbinden die Geschosse miteinander. Von diesem Treppenraum aus öffnen sich unterschiedliche Ein- und Ausblicke. Die Nebenräume sind in die Erschließungsachse integriert und lassen sich über Schiebetüren vom Gemeinschaftsbereich abteilen. Im Gegensatz zu den offenen Wohnbereichen im Erdgeschoss und Untergeschoss ist das Obergeschoss in einzelne Räume – drei Kinderzimmer und ein Bad – aufgeteilt. Eine offene Galerie im Dachspitz bietet den Kindern einen zusätzlichen ungestörten Spiel- und Aufenthalts-

»Hier ist es immer warm und gemütlich – in so einem Haus fühlen wir uns wohl.«

CHRISTEL UND ULRICH GÖTZ

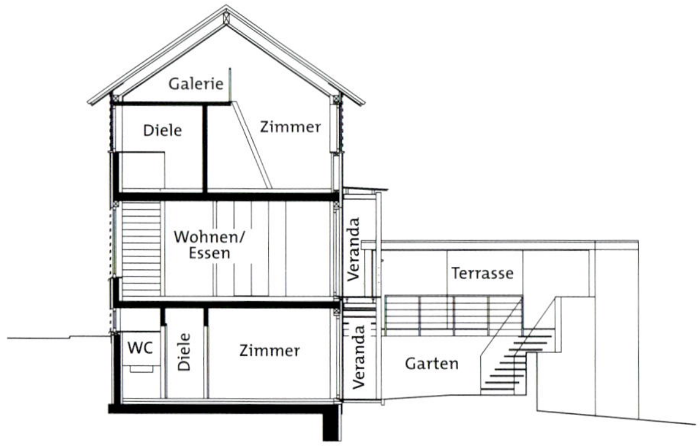

Schnitt

IM PROFIL

- **STANDORT:** 78244 Singen
- **BAUHERREN:** Christel und Ulrich Götz
- **GRUNDSTÜCKSGRÖSSE:** 295 m²
- **GRUNDFLÄCHE:** 103 m²
- **WOHNFLÄCHE:** 185 m²
- **ZUSÄTZLICHE NUTZFLÄCHE:** 44 m²
- **TERRASSE, LOGGIEN, VERANDEN:** 63 m²
- **ANZAHL DER BEWOHNER:** 4 bis 6
- **BAUWEISE:** Holzrahmenkonstruktion
- **BAUJAHR:** 2001
- **BAUKOSTEN PRO m² WOHN- UND NUTZFLÄCHE:** 1.159 Euro
- **EIGENLEISTUNG:** 28.000 Euro
- **BAUKOSTEN GESAMT:** 314.075 Euro

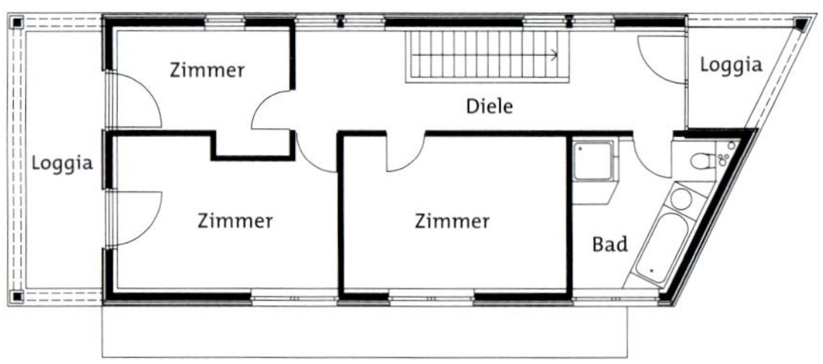

Dachgeschoss

1:250

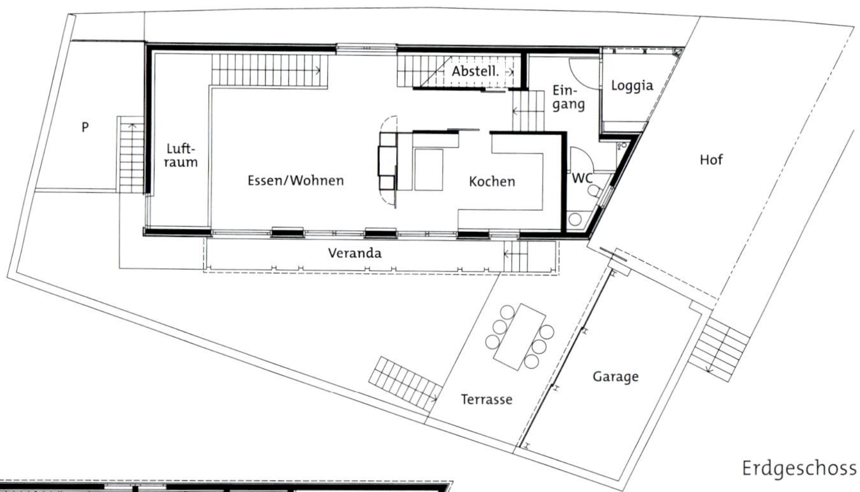

Erdgeschoss

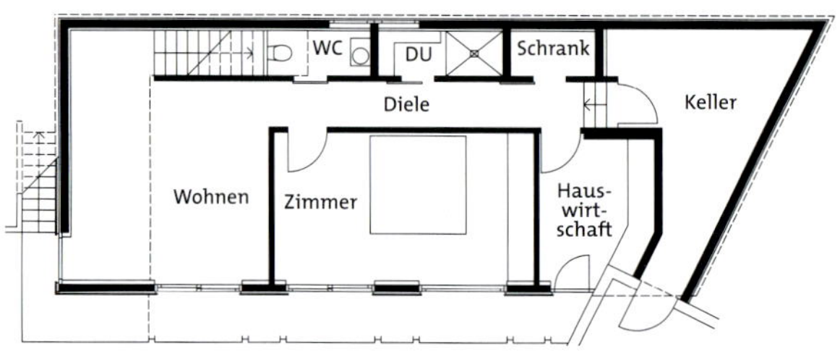

Untergeschoss

Naturbelassenes Holz, weiße Wände und der schwarze Schieferboden bilden reizvolle Kontraste und schaffen eine unverwechselbare Wohnqualität. Über geschosshohe Glastüren gelangt man auf die Terrasse, während die Treppe zu der unteren Wohnebene führt.

bereich fernab der Eltern, den sie sehr zu schätzen wissen: »Wir haben hier ein eigenes Reich, wo die Mama und der Papa nicht ständig nachsehen. Alle unsere Freunde finden das wahnsinnig toll!«

HOCHWERTIGE MATERIALIEN

Eine Holzrahmenkonstruktion bildet das vertikale Ständerwerk des Hauses, auf dem die Deckenelemente als vorgefertigte Hohlkammer-Holzdecken ruhen. Die Maßordnung der industriell vorgefertigten Deckenelemente bestimmt die geometrische Ordnung des Gebäudes, nach der sich alle anderen Bauteile richten. Eine feingliedrige, weiße Holzschalung aus schmalen und breiten Brettern bildet die äußere Wetterschale. Sie wurde aus einheimischer Douglasie sägerau auf Lücke eingebaut und weiß lasiert. Das Rahmenwerk der Außenwände ist wärmegedämmt und besitzt eine Installationsebene hinter den raumseitig eingebauten Gipsfaserplatten. Die Dämmung der Außenwände setzt sich in den 35 Grad geneigten Pfettendachstuhl fort. Fenster und Haustüre wurden in massiver Eiche mit Wärmeschutz-Isolierverglasung ausgeführt. Die Bodenbeläge bestehen im Untergeschoss und Erdgeschoss aus anthrazitfarbenem Porto-Schiefer. Die Veranda ist als verzinkte Stahlkonstruktion mit Titanzinkdeckung ausgeführt. Auf den Loggien sowie Veranda und Terrasse wurden unbehandelte, sägeraue Eichendielen verlegt. Das Material zeigt fast überall seinen natürlichen Charakter und trägt damit zur unverwechselbaren Qualität des Hauses bei.

ENERGIE SPAREN, KOSTEN SENKEN

Alle Einzelbauteile der Gebäudehülle erfüllen erhöhte Anforderungen an den baulichen Wärmeschutz, sodass das Haus dem Niedrigenergiestandard entspricht. Eine Erdgas-Brennwertheizung liefert die Energie für den Betrieb der Fußbodenheizung in Unter- und Erdgeschoss sowie der Radiatoren im Obergeschoss. Der Heizenergiebedarf wird weiter eingeschränkt durch die südwestseitige Orientierung des Baukörpers und die Anordnung größerer Fensterelemente nach Süden, die durch die Veranda und deren Dach einen permanenten Sonnenschutz haben. Das Niederschlagswasser wird in einer Zisterne gesammelt und für die WC-Spülung, die Waschmaschine und die Gartenbewässerung genutzt. Eine solare Brauchwassererwärmung erlaubt zudem das Warmduschen nach Herzenslust.

»Ich habe das schönste Zimmer in ganz Singen!«
SIMON

Wie aus einem Stück

HAUS SEIDL IN MOLLN, OBERÖSTERREICH
HERTL.ARCHITEKTEN, STEYR

Links: Die Stülpschalung, mit der das Haus vollständig bekleidet ist, wird im Laufe der Zeit einen Silberton bekommen, sodass sich der Bau noch besser in die Naturlandschaft einfügt.

Unten: Leicht geneigt und gekippt reflektiert das Dach die Neigung des Hangs und deutet mit großer Geste auf die fantastische Aussicht ins Tal.

In der offenen Landschaft bilden die beiden Gebäuderiegel, das Wohnhaus und die Garage mit Abstellraum, einen geschützten Hofbereich, der die Blickachsen aufnimmt.

»In den Bergen wohnen heißt, den Horizont in der Nähe haben«, so preisen die Bauherren ihren Wohnort mitten in der Vorgebirgslandschaft, in einer der größten Waldgemeinden Oberösterreichs im Nationalpark Kalkalpen. Bereits das oberösterreichische Steyr liegt abseits der großen Verkehrsmagistralen; abseitiger noch ist Molln, eine halbe Autostunde von Steyr entfernt. Wiesen und Wälder mit vereinzelt eingesprengten Gehöften prägen die unmittelbare Umgebung. In dieser idyllischen Landschaft, in die sich kaum ein Tourist verirrt, hat sich die Familie ihren Traum von einem Haus, das mit möglichst geringen Bau- und Betriebskosten Maßstäbe setzen und etwas Besonderes sein sollte, erfüllt. Was liegt näher, als hier mit Holz zu bauen? »Zwei sehr schlanke Riegel werden parallel positioniert, sodass sie einen Hof aufspannen, der einerseits einen geschützten Freiraum definiert, andererseits die beiden fantastischen Blickrichtungen thematisiert: das weite Tal im Süden und der nahe aufragende Berg im Norden«, so beschreibt der Architekt die Situation und erläutert die Gestaltung: »Stülpschalung und Bretterdach hüllen die Baukörper in einen grauen Mantel, sodass sie schlicht und selbstverständlich in der Landschaft sitzen.«

EXPRESSIV

Ein Holzhaus unter Holzhäusern also? Nicht ganz, denn die Baukörper sind äußerst spannungsvoll. Mit ihren leicht aus der Rechtwinkligkeit gekippten Dachflächen und Stirnseiten wirken die beiden aufeinander bezogenen Volumen – das Wohnhaus als Hauptgebäude und die Garage mit Abstellraum als Nebengebäude – sehr expressiv und lenken die Aufmerksamkeit auf sich. Die dramatische Auskragung auf der Südseite und das riesige, 6 Meter hohe Panoramafenster auf der Nordseite bilden zusammen mit den weitgehend geschlossenen Längsseiten eine Art Wohnröhre, die vom Hof her erschlossen wird. Das Erdgeschoss wird von einem durchgängigen Wohn-, Koch- und Essraum eingenommen, der an den Stirnseiten vollständig geöffnet ist. Auf der Nordseite zoomt die überdimensionale Glasfläche die atemberaubende Landschaft direkt in den Wohnraum, während die Fensterfront nach Süden durch das weit vorspringende Obergeschoss verschattet wird. Eine schmale Nebenraum- und Erschließungsspange gegenüber dem Eingang verbindet die Wohnebene mit den Schlafräumen im Obergeschoss. Hier nimmt der Elternbereich – gewissermaßen als Haupt des Hauses, an das sich Bad und Kinderzimmer anschließen –, die gesamte Breite des Gebäudes ein. Fast ganz im Hang verborgen und nur nach Norden geöffnet, bietet das Untergeschoss mit separatem Zugang eine Raumaufteilung, die die spätere Nutzung als Einliegerwohnung ermöglicht. »Natürlich ist der Ausblick mit der großen Verglasung der Höhepunkt und es ist sehr entspannend, dort zu liegen«, antwortet der Bauherr auf die Frage nach seinem Lieblingsplatz, während die Kinder es leid sind, immer nur nach dem Haus gefragt zu werden. Sie finden es » cool«, allerdings nervt es sie mittlerweile, wenn immer nur über das Haus gesprochen wird, in das sie sich bereits gut eingelebt haben und das in ihren Augen ganz normal ist.

»Die Kinder finden das Haus ›cool‹ – allerdings nervt es sie mittlerweile, wenn immer wieder darüber gesprochen wird. Im Grunde ist es für sie normal, denn sie haben sich gut eingelebt und so geht es uns allen.«

FAMILIE SEIDL

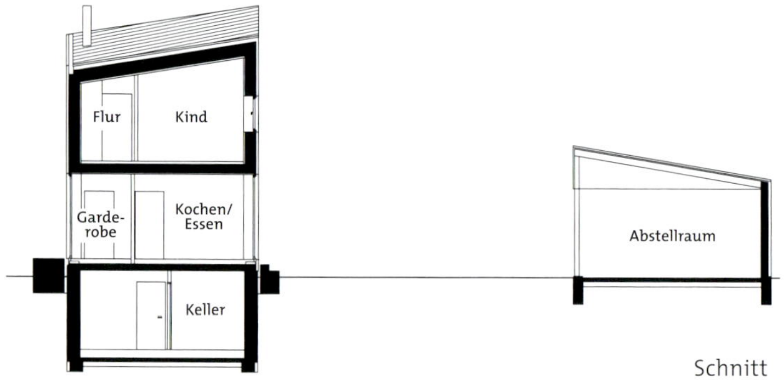

Schnitt

1:250

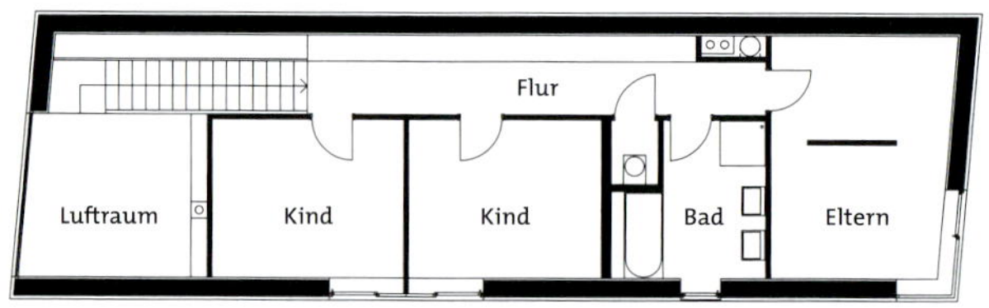

Obergeschoss

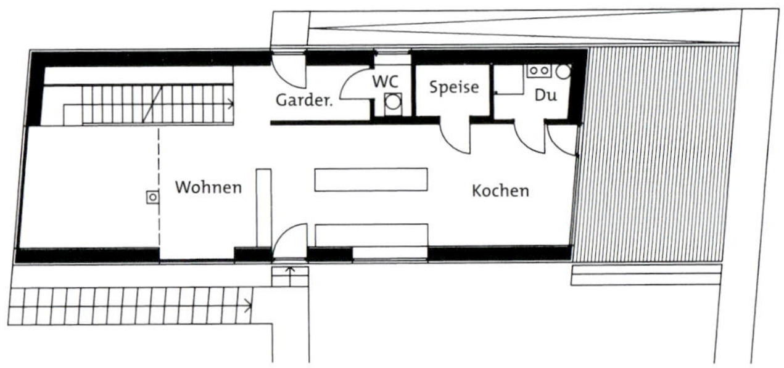

Erdgeschoss

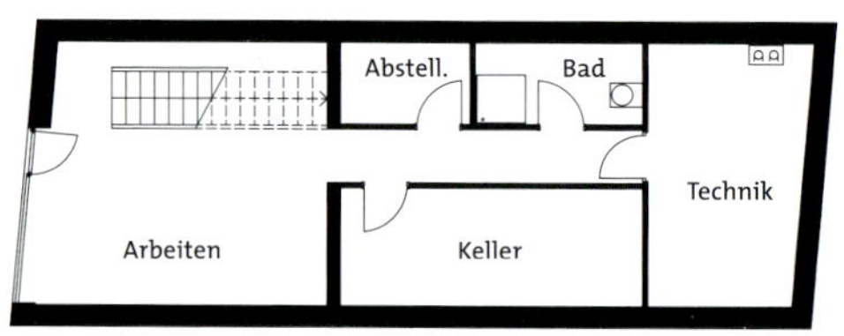

Untergeschoss

IM PROFIL

- **STANDORT:**
  A-4591 Molln
- **BAUHERREN:**
  Familie Seidl
- **GRUNDSTÜCKSGRÖSSE:** 806 m²
- **GRUNDFLÄCHE:** 110 m²
- **WOHNFLÄCHE:** 175 m²
- **ANZAHL DER BEWOHNER:** 4
- **BAUWEISE:**
  Massivbau/Holztafelbau
- **BAUJAHR:** 2004
- **BAUKOSTEN PRO m² WOHN- UND NUTZFLÄCHE:** 1.285 Euro
- **EIGENLEISTUNG:**
  8.000 Euro
- **BAUKOSTEN GESAMT:**
  225.000 Euro

KOMPROMISSLOS

Nur wenige Elemente aus Stahl – zwei schlanke Stützen, die die Last der Leimbinder im Bereich der südlichen Auskragung aufnehmen, und ein Zugstab, an dem das in den Wohnraum hineinragende Obergeschoss hängt – waren zur Verstärkung der Holzkonstruktion notwendig. Über dem Untergeschoss aus Stahlbeton erhebt sich das Rahmenwerk mit Pfosten und Riegeln, deren Gefache zur Aufnahme des Dämmstoffs dienen. Eine Lärchenholzschalung umhüllt das gesamte Volumen und bezieht sogar das Dach in die uniforme Oberfläche mit ein, sodass das Haus aus der Ferne wie aus einem Stück Holz geschnitten erscheint. Als Passivhaus wird die gute Dämmwirkung der geschlossenen Hüllflächen genutzt, um die Wärme im Gebäude zu halten. Nur auf die Stirnseiten konzentrieren sich die großen Öffnungen, während relativ kleine Fenster die individuellen Räume belichten. Rohre im Erdreich als Wärmetauscher in Verbindung mit einer Wärmepumpe sowie eine kontrollierte Gebäudelüftung unterstützen konsequent das Konzept der Energieeinsparung. Den vom Architekten sehr vehement geforderten roten Faden würdigen die Bauherren in der Rückschau: »Es gab immer wieder Diskussionen darüber, was man ein bisschen anders machen könnte. Der Architekt hat sich auf keine Kompromisse eingelassen – was gut war.« Einmal mehr zeigt sich hier die konzeptionelle Kraft des Entwurfsgedankens: Die an den Stirnseiten voll verglaste Wohnröhre bietet ein exquisites Raumerlebnis. Durch bewusste Beschränkung auf das Wesentliche ist höchste Qualität entstanden.

Oben links und rechts: An den Stirnseiten voll verglast, öffnet sich das Haus gezielt den Schönheiten der Landschaft. Eine zweigeschossige Glaswand mit äußerst schlanken Profilen fängt die Silhouette des aufragenden Bergs im Norden fast vollständig ein. Die Glasfront auf der Südseite wird durch das weit auskragende Obergeschoss verschattet. Kleinere Fensteröffnungen in den Längsseiten rahmen den Blick in die Natur und dienen zudem der Belüftung.

Dem Turme verschworen

HAUS LANZINGER IN BRIXLEGG, TIROL
ANTONIUS LANZINGER, INNSBRUCK

Links und unten: Auf 48 Quadratmetern Grundfläche hebt sich der viergeschossige Wohnturm vom felsigen Untergrund ab. Die sparsamen Fensteröffnungen sind sorgfältig in die massiven Holzwände integriert. Der Eingang im Südwesten führt unmittelbar in den zweigeschossigen Wohnraum.

Als formschöner Solitär schmückt der hölzerne Kubus die Anhöhe Mariahilfbergl oberhalb von Brixlegg.

An einem schroff abfallenden Steilhang mit Nordwestorientierung oberhalb von Brixlegg, auf einer Anhöhe namens Mariahilfbergl, lugt der viergeschossige Wohnturm zwischen den Baumwipfeln hervor. Selbst von der Inntal-Autobahn aus ist er wahrzunehmen und reiht sich als neuer, markanter Punkt in die Kette von Wehrtürmen und Burgruinen, die zwischen Kufstein und Innsbruck das Inntal zieren, ein. »Der Turm als Bauform im Steilhang oder am Felsen ist nicht neu, man könnte ihn fast als klassisch bezeichnen. Er bietet wegen seiner kleinen Grundrissfigur den Vorteil einer sehr sparsamen Fundierung im schwierigen, 35 Grad geneigten Gelände. Wenige Böschungsmauern müssen das Gelände sichern, die gute Aussicht und Belichtung gibt's kostenlos dazu«, erläutert der Architekt die gewählte Bauform.

GESTAPELTE FUNKTIONEN

An der Nahtstelle zwischen dem Sockel aus Stahlbeton und dem viergeschossigen Überbau, der auf einer Grundfläche von 6 x 8 Metern in Blockbauweise aus massiven Holzbalken gefügt ist, betritt man das Haus. »Von unten in ein Gebäude einzutreten, ist am Steilhang eine probate Methode, den Hauseingang zu gestalten. Dieser Bereich ist noch sehr transparent mit Blick in den umgebenden Wald, erst durch das Höhersteigen gelangt man, dem Turm entsprechend, in das Innere des Hauses.« Das Familienleben findet auf mehreren Ebenen, die vertikal übereinander gestapelt sind, statt. Im Sockelgeschoss liegen die Nebenräume und ein noch nicht ausgebauter Raum für eine zukünftige Badelandschaft unter Oberlichtern. Aus diesem massiven Unterbau ragt der Kern aus Stahlbeton als Rückgrat des Hauses hervor. Als aussteifendes Element nimmt er sämtliche Installationen für Wasser, Elektro- und Ofenanschlüsse auf. Von der ebenerdig erschlossenen Stube, einem repräsentativen 5 Meter hohen Wohnraum mit Galerie, erreicht man die auf einem Halbgeschoss gelegene Küche mit offenem Kamin. Die Hausherrin liebt es, hier in den Herbst- und Wintermonaten am offenen Feuer Kastanien zu grillen.

OFFENES WOHNEN

Stufen aus Eichenholz sind als Kragstufen in den massiven Holzwänden verankert, sodass man den Treppenverlauf von außen ablesen kann. Sie führen weiter hinauf in die oberen Privaträume. Abgeschlossene Zimmer und Flure gibt es hier nicht. Im ersten Obergeschoss bildet eine Fantasielandschaft rund um eine zentrale Duschkabine den Wohnbereich für die fünf Kinder, in dem Platz zum Schlafen, Spielen und Arbeiten ist. »Das Kindergeschoss kann später einmal, wenn die Kinder nach mehr Privatheit verlangen, in einzelne Räume abgeteilt werden«, berichtet die Hausherrin. Über die nächste Stiege gelangt man in das Privatgemach der Eltern, das durch ein Fensterband auf Bodenhöhe sowie ein Oberlicht entlang der Außenwand belichtet wird. »Es geht nicht darum, einfach in die Landschaft zu schauen, sondern darum, etwas Bestimmtes in der Landschaft zu sehen oder das Tageslicht auf eine

Zum Sehen geboren,
zum Schauen bestellt,
dem Turme verschworen,
gefällt mir die Welt.
JOHANN WOLFGANG VON GOETHE

WAHLSPRUCH DER SIEBENKÖPFIGEN FAMILIE
ZUM WOHNEN IM TURM

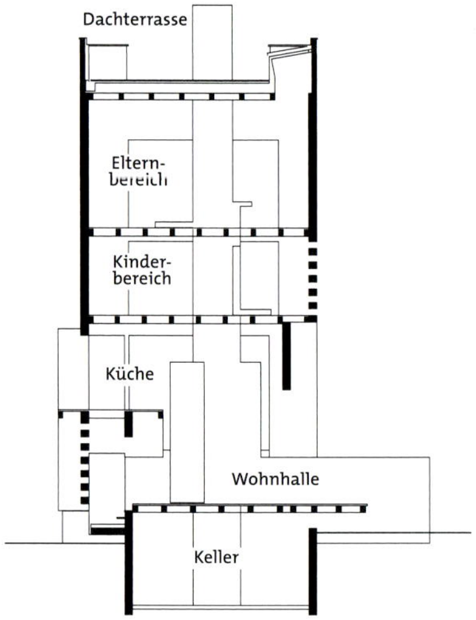

Schnitt

IM PROFIL

- **STANDORT:** A-6230 Brixlegg/Tirol
- **BAUHERR:** Antonius Lanzinger
- **GRUNDSTÜCKSGRÖSSE:** 772 m²
- **GRUNDFLÄCHE:** 93 m²
- **WOHNFLÄCHE:** 151 m²
- **ANZAHL DER BEWOHNER:** 7
- **BAUWEISE:** Holzblockbau
- **BAUJAHR:** 2002
- **BAUKOSTEN PRO m² WOHN- UND NUTZFLÄCHE:** 1.523 Euro
- **EIGENLEISTUNG:** Planung
- **BAUKOSTEN GESAMT:** 230.000 Euro

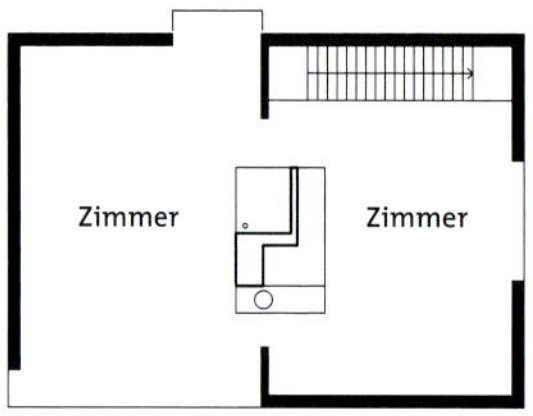

2. Obergeschoss

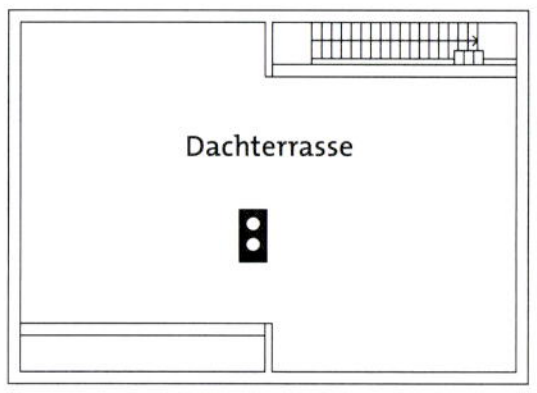

Dachterrasse

1:250

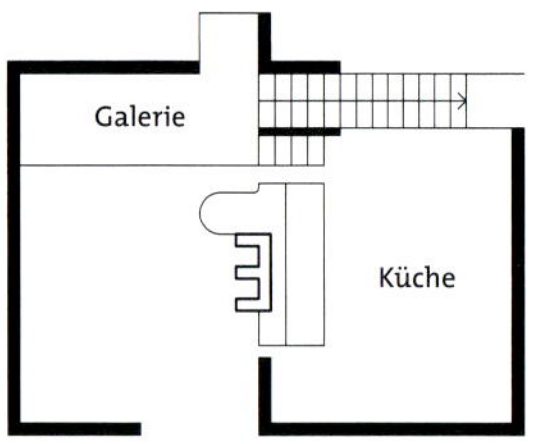

Galerie

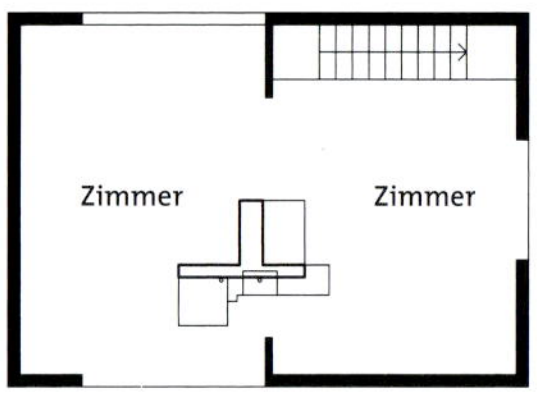

1. Obergeschoss

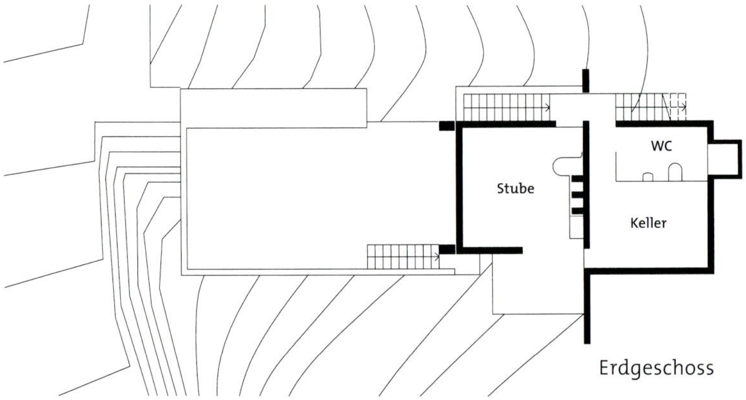

Erdgeschoss

bestimmte Weise ins Haus treten zu lassen. Die große Aussicht gibt's erst am Ende der Stiege, auf der Dachterrasse«, erklärt der Architekt die Lichtführung im Haus.

HOLZ PUR

Genauso ungewöhnlich wie das Raumkonzept, das ganz ohne abgeschlossene Zimmer und Flure auskommt, ist die Konstruktion. Sie greift zurück auf eine im Alpenraum seit uralter Zeit bekannte Bautechnik, nämlich die Blockbauweise, die vermutlich von den Walsern stammt. Hatte man bisher angenommen, dass ein Holzhaus nicht älter als 400 Jahre werden kann, muss man angesichts neuester Untersuchungen in der Innerschweiz diese These revidieren. Eine Analyse der Wachstumsringe an den Balken eines noch bis 1980 bewohnten Hauses in Schwyz zeigte, dass das Bauholz im Jahr 1170 geschlagen worden war. Es gibt wohl keine bessere Werbung für die Blockbauweise als diesen historischen Befund. Das mag sich auch der Bauherr gedacht haben und sah in einer Neuinterpretation der Blockbauweise eine technische Herausforderung: »Der Blockbau ist der ursprünglichste, wenn man so will der urtümlichste Zugang zum Holz als Baumaterial. Er erfüllt mit den Sinnen erlebbare Gebäudenutzungsqualitäten wie Haptik, Raumluftfeuchte, Vertrautheit mit Material und Oberfläche oder mit dem Geruch in besonderer Weise und besser als jeder andere Holzbau. Darum geht es bei diesem Bau und deshalb wird der Blockbau auch als ›Holz pur‹ umgesetzt, das heißt ohne zusätzliche Wärmedämmung, jenseits von Passivhaustechnologie und Blowerdoortest, um die immer wieder und als Erstes gestellte Frage nach dem Wärmedurchgangswert der Außenwand zu beantworten.«

KLASSISCHE HANDWERKSKUNST

Für das Haus waren 80 Kubikmeter Tannenholz aus dem benachbarten Achental erforderlich – 65 Kubikmeter allein für die Blockwände. Nach dem Abbund in der Halle wurden die Bohlen mit Kantenabmessungen von 14 x 18 Zentimetern nach Nummern sortiert, auf die Baustelle transportiert und vor Ort einzeln versetzt. Zwei bis drei erfahrene Zimmerleute montierten das Haus in nur fünf Wochen Bauzeit. Die Winddichtigkeit wird über mehrfache Nut-und-Feder-Verbindungen in der Lagerfuge erreicht. Pures Holz schafft eine einzigartige Wohnatmosphäre, die die Tiroler Familie seit ihrem Einzug genießt, also »kein Tiroler Haus für eine Tiroler Familie, sondern klassische Handwerkskunst mit vollendeten Details«.

Oben links: In ihrem Geschoss nutzen die Kinder den Raum gemeinsam. An der breiten Fensterbank machen sie ihre Hausaufgaben.

Oben rechts: Duschzelle und Waschbecken nehmen die Mitte des Kindergeschosses ein. Später einmal können hier auch individuelle Bereiche für die Kinder geschaffen werden.

Zeichen über Klaus

HAUS T. IN KLAUS, VORARLBERG
K_M ARCHITEKTUR, BREGENZ UND LINDAU

Links: *Im Streiflicht an einem frostigen Morgen tritt die zeichenhafte Wirkung der Südfassade besonders gut hervor.*

Unten: *Der scharfkantige Kubus scheint auf einer Wiesenkuppe zu balancieren.*

Die zurückgesetzte Glaswand wird durch den Baukörper selbst verschattet. Balkon und Terrasse vor dem Wohnraum werden zu temporär nutzbaren Aufenthaltsräumen, bei denen die Trennung zwischen Innen und Außen fast vollkommen aufgehoben ist.

In prädestinierter Lage oberhalb des vorarlbergischen Klaus steht der Süd-Ost-orientierte Baukörper quer zum Hang. Das Grundstück bietet einen herrlichen Blick über das weite Rheintal bis zu den Schweizer Bergen. Ein idealer Platz zum Siedeln, der den Bauherren die Chance eröffnete, die grandiose Aussicht in alle Wohnräume mit einzubeziehen. Durch gezieltes Suchen in Büchern über Einfamilienhäuser und das ökologische Bauen sind die Bauherren auf das in ihrer Nähe tätige Architekturbüro gestoßen. Schnell war man sich einig, dass das Haus als Holzkonstruktion – eine umweltfreundliche Bauweise, die zudem den Vorteil eines maximalen Anteils an Eigenleistung bietet –, erstellt werden sollte. Die doppelte Herausforderung an die Architekten bestand zum einen in dem sehr steilen Grundstück und zum anderen in der raschen Realisierung bei beschränktem Budget.

BALANCIEREND AM HANG

Als über dem Hang schwebender Kubus zeigt sich das Haus dem von unten herannahenden Besucher. Mit scharfen Kanten und präzisen Einschnitten bildet der Baukörper einen reizvollen Kontrast zu dem steilen und wogenden Grasland. Durch Ablösen des Volumens vom Gelände spielen die Architekten mit diesem Kontrast und gewinnen eine spannende Balance zwischen Konstruktion und Natur. Besondere Gründungsmaßnahmen ermöglichen diesen Effekt: Schlanke Stahlstützen in Kombination mit einem minimalen, massiven Sockel bilden den Unterbau des Hauses und tragen die beiden aus Holzelementen gefügten Obergeschosse. Damit greift das Untergeschoss den Gedanken an gewachsenen Fels auf und bildet gleichzeitig eine dynamisch wirkende Plattform für den hölzernen Kubus. Der Eindruck des Schwebens wird durch die Außentreppe zum Eingang auf der Nordseite, die nur einen punktuellen Anschluss zum Gelände herstellt, noch verstärkt.

LICHTDURCHFLUTETE RÄUME

Die erste Ebene ist ein zusammenhängender Wohnraum, der nur von einem frei stehenden Kamin unterbrochen wird. Zur Aussichtsseite Glas und im Süden und Osten ein niveaugleiches Holzdeck entsprechen ganz dem Wunsch des Bauherrn: »Mit Hilfe großer Glasflächen kommt die Aussicht als wesentliches Merkmal des Grundstücks in sämtlichen Räumen optimal zur Geltung. Alle Räume sind lichtdurchflutet und hell.« Die zweite Ebene wird über eine an der nördlichen Fassade angelagerte Innentreppe erschlossen. Hier zeigt der Grundriss eine klare Gliederung mit einem an der Nordseite gelegenen Gang, der die drei Kinderzimmer, das Bad und den elterlichen Schlafbereich verbindet.

»Trotz begrenzter Wohnfläche ist ein sehr praktisches Haus mit hoher Wohnqualität entstanden.«

DER BAUHERR

»Durch die Holzelementbauweise und eine gute Zusammenarbeit zwischen Handwerkern und Planern war das Wohnhaus in nur vier Monaten bezugsfertig.«

DER BAUHERR

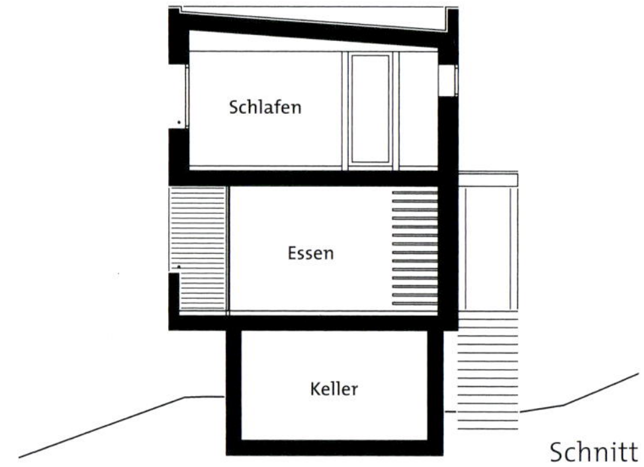

Schnitt

IM PROFIL

- **STANDORT:** A-6833 Klaus
- **BAUHERREN:** Familie T.
- **GRUNDSTÜCKSGRÖSSE:** 590 m²
- **GRUNDFLÄCHE:** 89 m²
- **WOHNFLÄCHE:** 120 m²
- **ZUSÄTZLICHE NUTZFLÄCHE:** 34 m²
- **ANZAHL DER BEWOHNER:** 5
- **BAUWEISE:** Massivbau / Holzelementbau
- **BAUJAHR:** 2004
- **EIGENLEISTUNG:** ca. 20% der handwerklichen Leistungen
- **BAUKOSTEN GESAMT:** unter 250.000 Euro

1:200

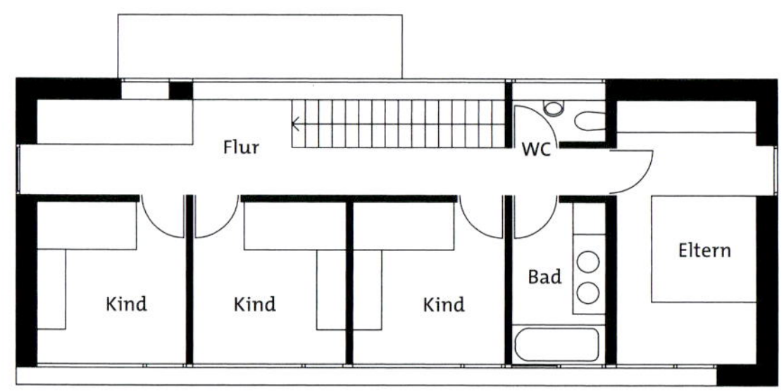

Obergeschoss

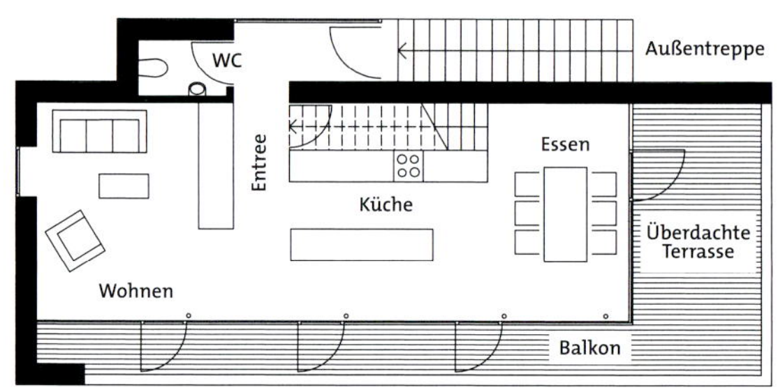

Erdgeschoss

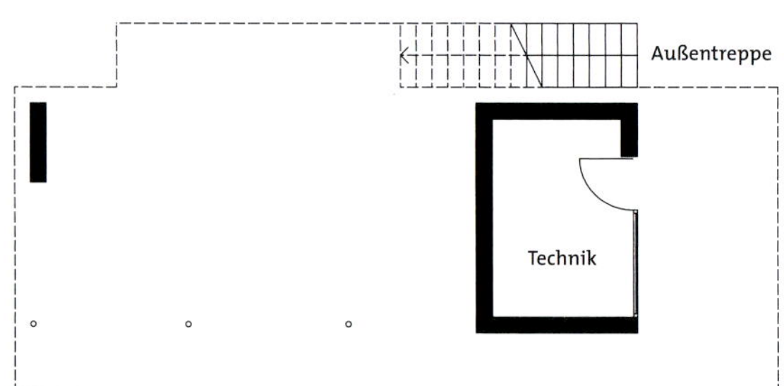

Untergeschoss

PLATZ SPARENDE MASSARBEIT

Das Gebäude besticht durch seine einfache Form und eine Konstruktion, die unterschiedliche Materialien ihrer jeweiligen Funktion entsprechend gezielt einsetzt. Die raumbildenden Teile wie Wände und Decken bestehen aus Holzelementen. Dort, wo Öffnungen großflächig in das Volumen eingeschnitten sind, übernehmen Stahlstützen die Tragfunktion, während die Glaswände einen transparenten Raumabschluss bilden. So wirken Holz und Stahl konstruktiv zusammen, um das Haus entschlossen zur Aussicht zu öffnen. Dazu kommen der Sichtbeton, der als künstlicher Sporn die Verbindung zum Naturfels herstellt, und die Holzschalung, die Bezug auf den umgebenden Wald nimmt. »Durch die Holzelementbauweise und eine gute Zusammenarbeit zwischen Handwerkern und Planern konnte das Wohnhaus in nur vier Monaten bezugsfertig erstellt werden«, berichtet der Bauherr und fährt fort: »Die vom Architekten einkalkulierten Kosten wurden genau eingehalten. Trotz begrenzter Wohnfläche ist ein sehr praktisches Haus mit hoher Wohnqualität entstanden.« Der äußerst Platz sparend organisierte Grundriss ist im Bereich der Privaträume auf das Wesentliche beschränkt und bietet der fünfköpfigen Familie individuelle Räume, während das Wohngeschoss den Luxus einer offenen Wohnlandschaft mit Terrasse für das Familienleben bereithält.

Mit seinen tiefen Einschnitten auf der Südseite gewinnt das Haus eine weithin sichtbare Plastizität und steht wie ein Zeichen über Klaus.

Oben links: Stützen aus Stahl erlauben die radikale Öffnung des Wohngeschosses zu Licht und Sonne. Deshalb ist der Wohnraum lichtdurchflutet und gewinnt an Weite durch die großen Glasflächen, die als Panoramafenster wirken.

Oben Mitte: Arbeit wird zum Vergnügen, wenn sie in einem attraktiven Raum stattfindet. Die Küche ist von der sonst üblichen räumlichen Trennung befreit.

Oben rechts: Hangseitig verbindet eine geradläufige Treppe die beiden Wohnebenen miteinander.

Wohnen in aussichtsreicher Lage

HAUS KÜHBACHER IN HUNGERBURG/INNSBRUCK

FÜGENSCHUH HRDLOVICS ARCHITEKTEN, ZIRL

Links: Nur auf der Südseite ist die Dreigeschossigkeit des Baukörpers ablesbar. Im Hintergrund die schneebedeckte Nordkette.

Unten: Ein an den Stirnflächen verglaster Windfang dient als oberer Zugang zum Haus, während der zweite Zugang über den darunter liegenden Carport erfolgt.

Einfache Formen und natürliche Materialtöne prägen den Wohn-Essbereich.

Hungerburg, so nennt sich die exklusive Wohngegend oberhalb von Innsbruck, die bereits seit 1906, nachdem das Plateau durch eine Standseilbahn mit der Stadt verbunden worden war, mit ersten Villen und Pensionen bebaut wurde. Seit den 1920er Jahren gelangten Touristen über die Nordkettenbahn weiter auf die Berge, sodass an den bewaldeten Hängen eine rege Bautätigkeit einsetzte. So zeigt die umgebende Bebauung den jeweils »letzten Schrei« in der Architektur der suburbanen Villa. »Die Bauherren sowie deren Architekten versuchen hier, sich über ihr Haus in Szene zu setzen. Das Panorama ist dermaßen schön, dass riesige Stahl-Glas-Gebäude entstehen, in denen sich die Bewohner letztendlich nur bedingt wohl zu fühlen scheinen, da die Einsicht durch die Nachbarn und klimatische Probleme das Wohlbehagen beeinträchtigen«, so beschreibt die Architektin das Umfeld und kritisiert: »Auf einen Versuch, die Häuser angemessen sensibel in das recht intensive Gelände zu setzen, wird verzichtet. Die Folge sind massive, bis zu 4 Meter hohe Stützmauern und Aufschüttungen, um möglichst viel ebene Gartenfläche zu gewinnen.«

SPEKTAKULÄR UNSPEKTAKULÄR

An diesem Schaulaufen pompöser Villenarchitektur wollten die Baumeister nicht teilnehmen. Vor dem eindrucksvollen Bergpanorama fügen sie das Haus ohne übersteigerte Architekturformen unspektakulär in die nur 470 Quadratmeter große Steillage des Grundstücks. Nach Osten und Norden hebt sich nur das Obergeschoss aus dem Gelände, während das Haus talwärts seine Dreigeschossigkeit zeigt. Ein dezenter Grauton der Fassade nimmt die Schauseiten zurück – das Gebäude duckt sich regelrecht in den Hang. »Das Haus sollte auf keinen Fall schreien«, beschreibt die Architektin ihr Bestreben nach bestmöglicher Einfügung in den Hang und erklärt: »Unser Haus ist sensibel ins Gelände gesetzt. Von der Ankunftsseite im Osten eingeschossig – ein ›Understatement‹ –, verschwindet es fast im bestehenden Hang. Es benötigt keine Stützmauern und nutzt die Vorteile des Geländes durch die natürliche Belichtung von drei Geschossen.«

GERAHMTER AUSBLICK

Parallel zur geschlossenen Nordwand führt eine Rampe zu dem unterirdischen Carport mit zwei Stellplätzen. Von dieser Seite wird das Haus sowohl über das Obergeschoss als auch von der mittleren Ebene aus erschlossen. In der oberen Wohnebene verlängert eine westorientierte Terrasse mit großen Glaswänden den Wohnraum ins Freie. Von der Küche und vom Essplatz bietet das aus der Fassade gestülpte Panoramafenster einen gerahmten Ausblick. Mit seinen vorspringenden Laibungen wird es zu einer Art Aussichtstheke. Von der Nordseite fällt Tageslicht über den beidseitig verglasten Windfang in die Eingangszone. Zwei Ebenen mit Privaträumen erreicht man über das rückwärtige Treppenhaus. Die Ausstattung mit einem Bad auf jedem Geschoss und eine Grundrissaufteilung mit Einzelräumen bietet jedem der vier

»Wer ein Haus bauen will, braucht einen guten Architekten, eine gute Bank und einen Yogakurs.«

FAMILIE KÜHBACHER

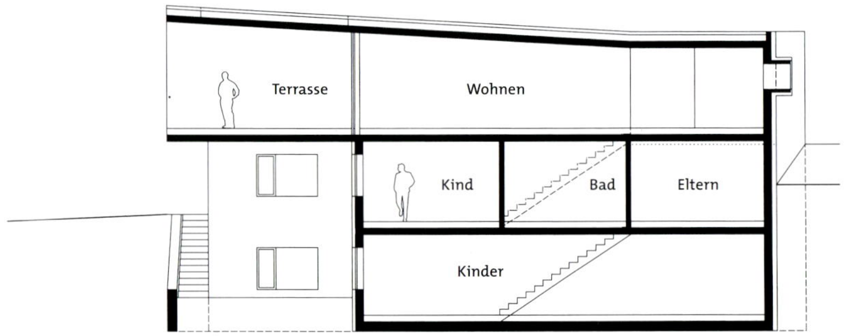

Schnitt

IM PROFIL

- **STANDORT:** A-6020 Innsbruck
- **BAUHERREN:** Familie Kühbacher
- **GRUNDSTÜCKSGRÖSSE:** 470 m²
- **GRUNDFLÄCHE:** 98 m²
- **WOHNFLÄCHE:** 136 m²
- **ZUSÄTZLICHE NUTZFLÄCHE:** 50 m² (Doppelgarage)
- **ANZAHL DER BEWOHNER:** 6
- **BAUWEISE:** Massivbau
- **BAUJAHR:** 2002
- **BAUKOSTEN:** keine Angaben

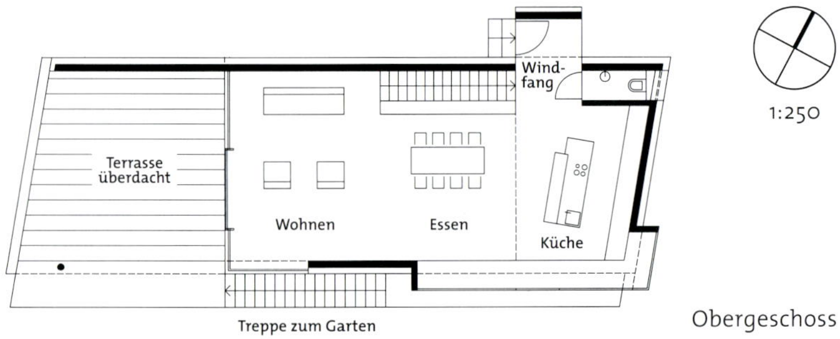

Obergeschoss

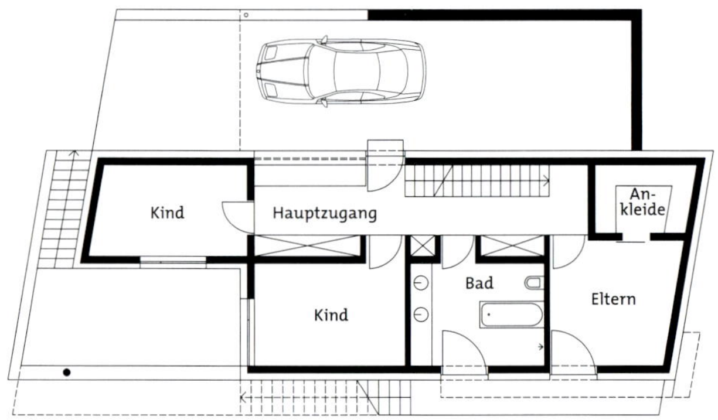

Erdgeschoss

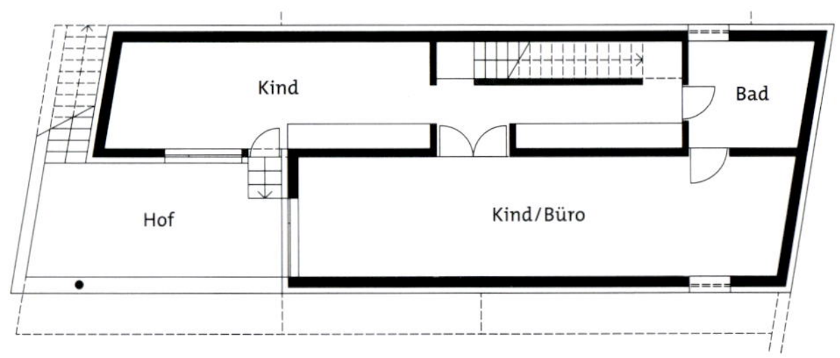

Untergeschoss

Kinder ein eigenes Zimmer. Ein weiterer Vorteil: »Wir können von jedem Geschoss aus in den Garten kommen«, sagen die Bauherren. An die Zukunft haben sie gedacht, indem sie das Untergeschoss über den Eingangshof mit einer separaten Erschließung versehen haben, sodass es auch als abgetrennter Teil genutzt werden kann.

RESPEKTVOLLE ZURÜCKHALTUNG

Öffnungen wurden wohlüberlegt in den massiven Baukörper eingeschnitten: »Fenster wurden nur dort gesetzt, wo kein Nachbar hereinschauen kann und um bestimmte Highlights in der Umgebung zu erfassen, beispielsweise durch die Öffnung in der Terrassenüberdachung das Hafelekar, eine Art Wahrzeichen der Stadt«, erklärt die Architektin und erläutert, dass das Haus auch ohne Vorhänge funktioniert, obwohl es allseitig eng von Gebäuden umschlossen ist. Dort, wo Öffnungen gezielt angeordnet sind, wird ein permanenter, konstruktiver Sonnenschutz durch ein Vordach, eine Erkerbildung oder durch Rücksprünge sichergestellt, sodass auf teure, temporäre Sonnenschutzmaßnahmen, wie etwa Lamellenraffstoren verzichtet werden kann. Ein verglaster Deckenschlitz entlang der geschlossenen Nordwand gibt den Blick auf die Nordkette frei.

Dieses Haus soll sich also zugunsten der prächtigen Berglandschaft und der direkt angrenzenden Natur zurücknehmen, Respekt zeigen, ohne dass der Bauherr auf zeitgemäßes Wohnen, funktionalen Komfort und Behaglichkeit verzichten muss – daher »ein Haus, das nicht schreit«. Und auch die Bewohner sind zufrieden. Sie haben ein individuelles Gebäude in solider Bauweise mit wenigen, einfachen und edlen Materialien bekommen, das ihrem Wunsch nach einer persönlichen Note und einem zu ihnen passenden Stil entspricht.

Oben links: Nach Westen bildet die Terrasse eine fast übergangslose Fortsetzung des Wohnraums ins Freie. Durch eine Aussparung in der Deckenplatte wird der Blick auf die Nordkette freigegeben.

Oben Mitte: Tageslicht bis ins unterste Geschoss begleitet den Treppenlauf aus Sichtbeton.

Oben rechts: Wie eine Aussichtstheke wirkt das Panoramafenster von der Küche aus.

Mit fünf Fassaden

HAUS BICHSEL VOGEL IN WINTERTHUR
BEAT ROTHEN, ASTRID KURTH, MATTHIAS KOHLER, MATTHIAS WEBER, WINTERTHUR

Links: Der südost geneigte Hang bietet eine schöne Aussicht über die Stadt ins Zürcher Oberland bis in die Alpen.

Unten: Nach Süden, zum Garten hin, öffnet sich der Baukörper mit Dachterrasse, Panoramafenstern und Gartenterrasse. Das Lesezimmer im Parterre zum Garten ist Ausruhzone, von den anderen Wohnräumen separiert.

Die Küche und der Essplatz sind als Raumeinheit aufgefasst. Eine Öffnung im Dach taucht diesen Bereich in Licht und gibt den Blick in den Himmel frei.

»Das Haus am Hammerweg sucht nicht die große Geste«, stellt der Architekt fest. Seine Antwort auf die topografische Situation und die Bauaufgabe ist ein einfach und klar gestalteter Baukörper, der sich von den Ein- und Mehrfamilienhäusern in der Nachbarschaft abhebt. »Am Wald gelegen, Aussicht auf die Alpen, ruhiges Quartier und Nähe zu öffentlichen Verkehrsmitteln«, so beschreibt die Bauherrin die besonderen Vorzüge der Lage des Hauses, die auch bei einem eventuellen Wiederverkauf eine Rolle spielen. Die Möglichkeit einer flexiblen Raumaufteilung, die je nach Bedarf veränderbar ist, sowie genug Staufläche und ein Abstellraum für Fahrräder waren wichtige Vorgaben für die Planung.

INTEGRIERTE LÖSUNG

Der dreigeschossige kompakte Baukörper wächst aus dem natürlichen Gefälle eines sanften Wiesenhangs am Fuß des Lindbergs. Im Gegensatz zu den aufgesetzten Dachgauben und den Eingangsanbauten der Nachbarhäuser sind hier der Hauseingang im Sockelgeschoss und die geschützte Terrasse im Wohngeschoss in den Baukörper integriert. Wie selbstverständlich folgt das Metalldach der Südostneigung des Grundstücks. Aufgrund der exponierten Ecklage sind die beiden zur Straße gerichteten Fassaden geschlossen. Wenige, als Sehschlitze ausgebildete Fenster geben vom Innenleben des Hauses nichts preis, vermitteln aber, von innen heraus betrachtet, den Eindruck gerahmter Bilder mit Blick auf die Gärten und Häuser der Umgebung.

VARIABLES RAUMGEFÜGE

Der Eingang zum Haus liegt im Sockelgeschoss, in dem Arbeits- und Hauswirtschaftsräume untergebracht sind. Von hier aus gelangt man über eine einläufige Treppe in das erste Obergeschoss mit drei Schlafzimmern, Bad und separatem WC. In jedem Geschoss gliedern drei massive, archaisch wirkende Sichtbetonstützen den Raum in eine schmale Erschließungszone und eine breite Nutzungszone. Flexible Wandelemente dienen der weiteren Raumaufteilung. »Bei geschlossenen Schiebeelementen wirken die Raumverhältnisse kammerartig, bei deren Öffnung entsteht ein fließendes Raumgefüge«, beschreibt der Architekt das Prinzip des variablen Raums. »Die Kinder lieben diese offene Struktur, sodass auch der Gang zum Spielen benutzt werden kann«, kommentiert die Bauherrin die Flexibilität der Räume. »Dieses Haus ist unseren Bedürfnissen zu jeder Zeit angepasst, da mit unkompliziertem Aufwand Änderungen der Raumeinteilung möglich sind.« Die oberste Ebene nimmt der Wohn-, Ess- und Küchenbereich ein. Ein Oberlicht erhellt den Raum und gibt den Blick in den Himmel frei. Von der großen, geschützten Terrasse aus bietet sich die schönste Aussicht über die Stadt, ins Zürcher Oberland und auf die Alpen.

»Die Kinder lieben es, wenn die Schiebewände offen sind, sodass auch der Gang zum Spielen mitbenutzt werden kann.«

LISA BICHSEL VOGEL

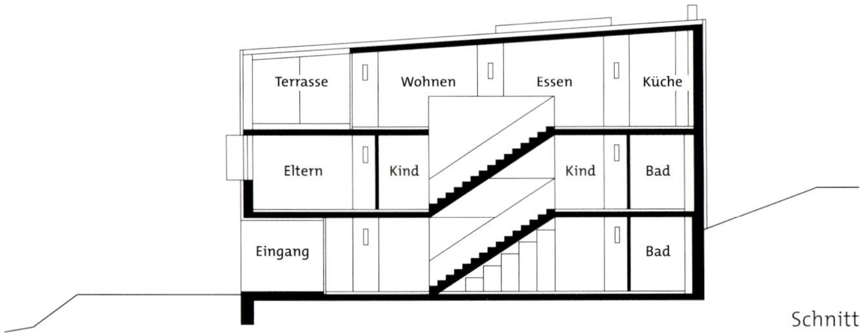

Schnitt

IM PROFIL

- **STANDORT:**
  CH- 8400 Winterthur
- **BAUHERREN:**
  Johannes Vogel
  und Lisa Bichsel Vogel
- **GRUNDSTÜCKSGRÖSSE:** 581 m²
- **GRUNDFLÄCHE:** 99 m²
- **WOHNFLÄCHE:** 220 m²
- **ZUSÄTZLICHE NUTZFLÄCHE:** 23 m²
- **ANZAHL DER BEWOHNER:** 4
- **BAUWEISE:**
  Massivbau mit
  spez. Metallverkleidung
- **BAUJAHR:** 2002
- **BAUKOSTEN PRO m² WOHN- UND NUTZFLÄCHE:** 3.250 sFr.
- **BAUKOSTEN GESAMT:**
  790.000 sFr.

1:250

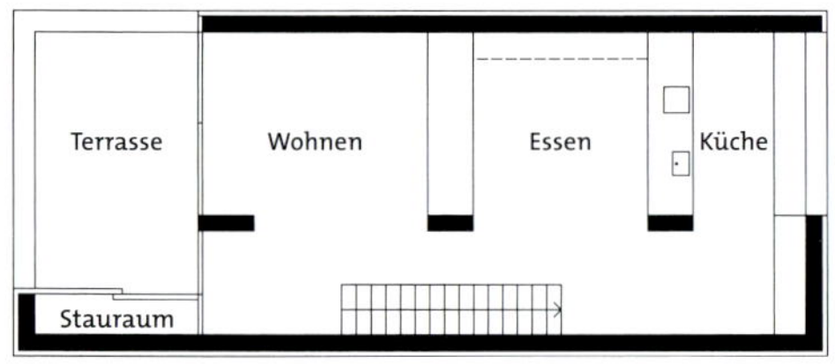

Obergeschoss

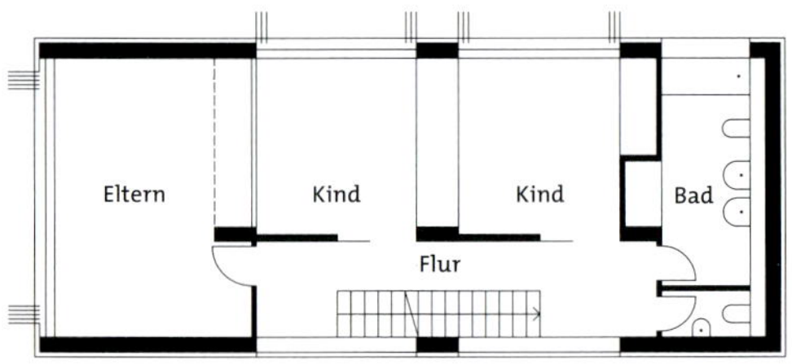

Erdgeschoss

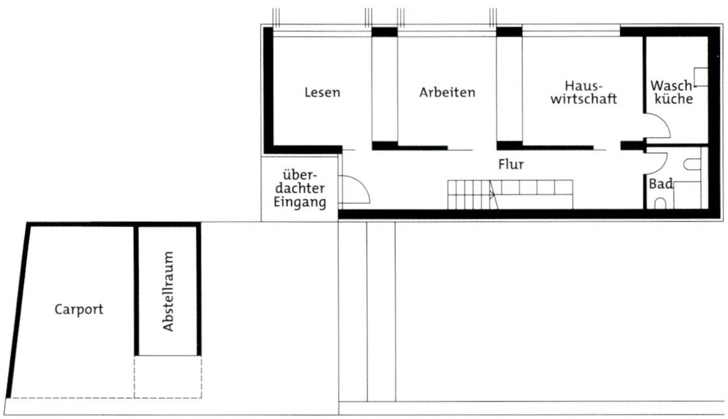

Untergeschoss

SCHLICHTE MATERIALIEN

Sichtbetondecken und -pfeiler, weiß verputzte Wände, Böden aus geöltem Industrieparkett mit speziell langen, stehenden Eichenlamellen – diese schlichten Materialien prägen das Haus im Inneren. Die Ansicht von außen wird von einer Haut aus vorbewitterten Kupfer-Titan-Zinkblechen bestimmt. Markante, unterschiedlich hohe Stehfalze dieser Metallverkleidung und die senkrecht zur Fassade angeordneten Faltläden mildern durch ihr Spiel von Licht und Schatten die Strenge des Gebäudekörpers und verleihen ihm Tiefe und Kontur. Wenn sie geöffnet sind, treten die Schiebe-Faltläden aus der Fassadenebene hervor, während sie sich im geschlossenen Zustand wie eine glatte Fassadenhaut über die Fenster legen. Das ebenfalls mit Kupfer-Titan-Zinkblech gedeckte Dach tritt mit seinem Oberlicht als fünfte Fassade in Erscheinung. »Die metallene Fassade ist jetzt genau drei Jahre alt und sieht immer noch aus wie neu. Sie ändert die Farbe von kühlem Grau-Grün bis abends Gelb-Rot, sie wird sowohl heiß als auch kalt, das ist spannend«, sagt die Bauherrin.

BEDARFSGERECHTE PLANUNG

Auf die Frage, was sie Freunden empfehlen würde, die selbst ein Haus bauen wollen, meint die Bauherrin, dass an erster Stelle eine genaue Überprüfung der Lage stehen sollte. Ferner sollte man die eigenen Bedürfnisse abchecken, um eine genaue Vorstellung von der Raumaufteilung und der Größe der Räume zu bekommen, und dabei an den Wiederverkauf denken, wenn es um spezielle Einrichtungen geht, die nicht rückgängig gemacht werden können. »Nicht immer das Teuerste ist das Beste. Und falls ein Handwerker etwas nicht nach den eigenen Wünschen realisieren kann, einen andern suchen, denn es gibt immer eine Lösung. Sich jedes Detail genau anschauen, bevor man sich entscheidet. Falls ein Wunsch im Moment aus finanziellen Gründen nicht möglich ist, immer überlegen, ob es in einem späteren Zeitpunkt noch ausbaubar wäre.«

Oben links: Die puristische Ausstattung des Wohnraums mit klaren Formen lässt die ausgewählten Design-Gegenstände der Einrichtung umso wirkungsvoller in Erscheinung treten.

Oben Mitte: Auch die Materialien der Räume, wie hier Sichtbeton und Industrieparkett, sind widerstandsfähig und kindergerecht. In diesem Haus wird gelebt und gearbeitet, das darf auch Spuren hinterlassen.

Oben rechts: Die Kinderzimmer sind über raumhohe Schiebeelemente mit dem Flur verbunden, der bei Bedarf als Spielzone den Zimmern zugeschlagen werden kann.

Quadratisch, praktisch, rot

HAUS MOSER IN WINTERTHUR
ARCHITEKTEN KOLLEKTIV AG, WINTERTHUR

Links: Über der auskragenden Stahlbetonplatte als Basis erhebt sich der zweigeschossige Kubus und scheint über dem Terrain zu schweben. Spannungsreiche Ansichten entstehen durch den Gegensatz zwischen dem nach Süden und Osten voll verglasten Wohngeschoss und dem mit roten Faserzementschindeln bekleideten Obergeschoss.

Unten: Vom Schachenweg verbindet eine Kiesfläche den Carport mit dem überdeckten Eingangsbereich. Beide Elemente sind in Sichtbeton ausgeführt und bilden eine einladende Zugangssituation.

Auch von innen sieht man dem Haus kaum an, dass es in Holztafelbauweise errichtet wurde. Naturschieferplatten und Glasflächen bilden den Raumabschluss in dem großen Koch-, Ess- und Wohnbereich. Lediglich die mittragende Unterdecke besteht aus geschliffenen, hell lasierten Holzmehrschichtplatten.

Kleine schindelbekleidete Holzbauten mit rotbraunem Anstrich auf einem über das Terrain herausragenden Keller charakterisieren die umgebende Wohnkolonie, die als Hilfsprojekt für arbeitslose Handwerker in den Kriegsjahren am Schachenweg entstand. Die zwischenzeitlich unter Denkmalschutz stehenden Einfamilienhäuser wurden damals in Selbstbauweise erstellt. In Übereinstimmung mit den gestalterischen Merkmalen des Quartiers bestand die Aufgabe der Architekten darin, ein zeitgemäßes, kostengünstiges Einfamilienhaus in möglichst kurzer Bauzeit zu erstellen.

ADÄQUAT

»Unser Ziel war es, mit dieser Bauaufgabe eine adäquate Antwort auf den aktuellen Veränderungsprozess im Quartier zu geben«, kommentiert der Architekt die Entwurfsaufgabe. »Wir entschieden uns für einen Ersatzbau auf dem bestehenden Keller – also wieder für einen verschalten, rotbraunen Holzbau mit Eckfensterlösung im Erdgeschoss.« Von diesem Ersatzbau, der sich im Grundriss an seinem Vorgänger orientiert, aber mit einer neuen Architektursprache den heutigen Ansprüchen an Raumgrößen und Komfort gerecht wird, ist der Bauherr begeistert: »Unser Architekt hat uns von den Detailfragen des Bauens vollkommen entlastet. Nach einigen Gesprächen, in denen wir ihm unsere Wünsche mitgeteilt hatten, haben wir sämtliche Details dem Fachmann überlassen und sind gut damit gefahren.« Auf diese Weise gelang eine überzeugende Neuinterpretation des Siedlungshauses.

AUFGESTOCKT

Vom Kiesvorplatz erreicht man über eine gedeckte Betontreppe das Haus. Rund 90 Zentimeter über dem flachen Gartenterrain liegt das Erdgeschoss. Die auskragende Bodenplatte aus Stahlbeton bildet eine elegante Plattform über dem vorhandenen Keller und trägt den in Holztafelbau errichteten zweigeschossigen Neubau. Vom Eingangsbereich mit Garderobe, Abstellraum und separater Toilette erreicht man den Küchen-, Ess- und Wohnraum, der durch eine deckenhohe Schiebewand vom Eingangsbereich abgetrennt werden kann. Überall im Haus wurden Schiebetüren als leicht zu bedienende, flexible Raumteiler eingebaut. »Die Sache mit den Schiebetüren funktioniert sehr gut. Das würde ich jederzeit wieder so machen«, meint der Bauherr. Den Rücken des zum Garten geöffneten Wohnraums bildet eine aussteifende Sichtbetonwand. Bis zum Boden reichende, über Eck geführte Fensterfronten lassen den Raum mit der Terrasse zusammenfließen. Breite Stufen aus Sichtbeton führen ins Freie.

AUSSICHTSREICH

Das Obergeschoss mit den Schlafzimmern und dem Bad erreicht man über eine geradläufige, schwarz gebeizte Holztreppe. Der offene Treppenaufgang ist das Zentrum einer Raumeinheit aus Flur, Diele und Büro, die sich über die gesamte Gebäudetiefe erstreckt. Die Zimmer selbst sind sowohl in ihrer Größe als auch in der Ausstattung mit Parkettboden

»Als Fußbodenbelag haben wir einen robusten Steinboden aus indischem Schiefer gewählt, der in mehreren Farben schimmert.«

CHRISTOPH MOSER

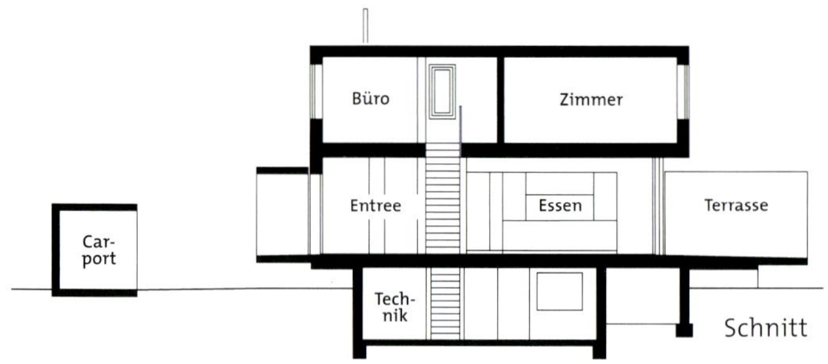

Schnitt

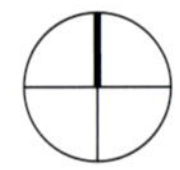
1:250

IM PROFIL

- **STANDORT:** CH-8400 Winterthur
- **BAUHERR:** Christoph Moser
- **GRUNDSTÜCKSGRÖSSE:** 965 m²
- **GRUNDFLÄCHE:** 104 m²
- **WOHNFLÄCHE:** 179 m²
- **ZUSÄTZLICHE NUTZFLÄCHE:** 53 m²
- **ANZAHL DER BEWOHNER:** 4
- **BAUWEISE:** Holztafelbau
- **BAUJAHR:** 2004
- **BAUKOSTEN PRO m² WOHN- UND NUTZFLÄCHE:** 1.586 Euro
- **BAUKOSTEN GESAMT:** 368.000 Euro

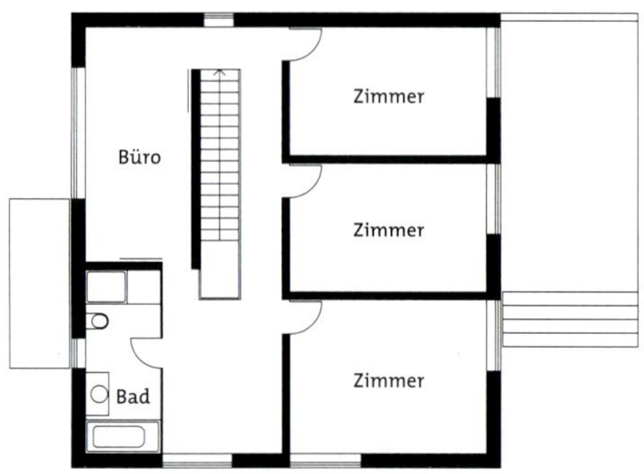

Obergeschoss

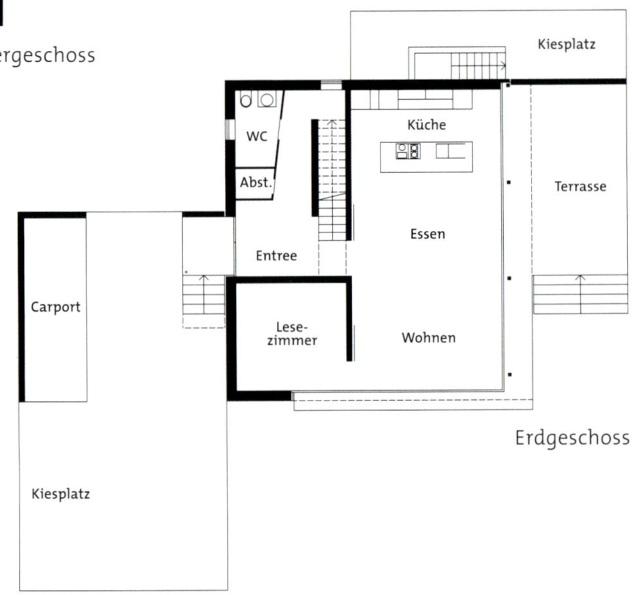

Erdgeschoss

und Einbauschrank sehr zweckmäßig gehalten. »Alle Fenster im Obergeschoss ermöglichen den wunderbaren Ausblick in die alten Gärten der Nachbarschaft«, erläutert der Bauherr.

ANGEPASST

Der Bauprozess konnte durch vorgefertigte Holzelemente, aus denen die Außenwände, die Zwischendecke und das Dach bestehen, verkürzt werden, nachdem die auskragende Bodenplatte, die innere Längswand und die Terrassenwand betoniert worden waren. Rote Faserzementschindeln bestimmen den äußeren Eindruck und stellen optisch einen Zusammenhang mit den umgebenden Siedlungshäusern aus den 1930er Jahren mit ihrer rot gestrichenen Holzverschalung her. Über die Funktion und die Bauweise gelingt eine harmonische Anpassung an die Umgebung, ohne dabei vorgegebene Formen zu übernehmen. Mit dem Flachdach setzt sich das Haus deutlich von seinem Umfeld ab und bereichert durch sein elegantes, pavillonartiges Erscheinungsbild das Quartier.

»Die Sache mit den Schiebetüren funktioniert sehr gut. Das würde ich jederzeit wieder so machen.«

CHRISTOPH MOSER

Oben links: *Die offene Küche wirkt mit ihren auf das Wesentliche beschränkten Funktionselementen schlicht und formschön.*

Oben Mitte: *Eine Bodenheizung macht den Schiefer zu einem behaglichen, den Füßen schmeichelnden Belag. Über eine lautlos in Schienen gleitende Schiebetür lässt sich der Wohnraum vom Eingangsbereich abteilen.*

Oben rechts: *Fließende Raumübergänge ermöglichen den weitgehenden Verzicht auf Erschließungsflure.*

Wohnen auf der Heidialp

HAUS OGGIANO-TANNER IN MAIENFELD, GRAUBÜNDEN

ROBERT ALBERTIN UND ALEXANDER ZOANNI, CHUR

Links: Maßvoll und bescheiden mit grauen Putzflächen fügt sich der einfache Baukörper in die berühmte Kulisse.

Unten: Traumhaft schön, eben wie in dem Roman von Johanna Spyri, zeigt sich die Alplandschaft rund ums Haus.

Als sei es schon immer da gewesen, steht dieses Haus beschattet von den Kronen alter Bäume auf der Bergwiese.

Noch vor dem bekanntesten Schweizer namens Wilhelm Tell rangiert die berühmteste Schweizerin, nämlich Heidi. 1880 ahnte die Schweizer Autorin Johanna Spyri mit Sicherheit noch nicht, dass ihre Heidi-Bücher 120 Jahre später in 50 Sprachen übersetzt und millionenfach verkauft werden sollten. »Heidi bedeutet eine intakte Natur; ein Mädchen aus den Alpen, wo alles in Ordnung ist. Heidi ist ein Traum von etwas, was es leider heute nicht mehr gibt«, so beschrieb Hanspeter Danuser, der Verkehrsdirektor von St. Moritz, 1991 den »Heidi-Mythos«. Zumindest aber gibt es den Originalschauplatz der Geschichte und in unmittelbarer Nähe befindet sich dieses Haus an der Grenze des Weilers Bovel, hoch über Maienfeld, inmitten der herrlichsten Alpenlandschaft.

SCHÖNE AUSSICHTEN

Direkt neben dem Heidihof, eingegrenzt zwischen Bruchsteinmauern, Bäumen und der Waldgrenze, nahe am Wohnhaus der Eltern, liegt das Haus am Hang. Wie selbstverständlich greift der Bau den bestehenden Kontext auf und führt die vorgegebene Typologie weiter, indem er die Fluchten des Nachbarhauses übernimmt. »Die Aussicht« nennen die Bauherren bescheiden als herausragendes Merkmal des Grundstücks. »Flexibilität, klare Linien und Großzügigkeit« waren ihnen bei der Planung wichtig. Um dem wunderbaren Panorama gerecht zu werden, hat das Haus eine eindeutige Südorientierung, ohne die weitere reizvolle Umgebung zu vernachlässigen. Die Anordnung der Öffnungen nimmt auf die jeweiligen Ausblicke Rücksicht: Das hochstehende Fenster an der Ostfassade ist auf den »Heidistall« gerichtet. Da die Aussicht jedoch nicht nur nach Süden sehr attraktiv ist, richtet sich ein großes Fenster im Ess-/Wohnbereich nach Norden zum Wald hin. Die Öffnung des Elternzimmers im Obergeschoss fokussiert die zwei alten Bäume am Eingang und lenkt den Blick weit in die Berge.

LOFTRAUMKONZEPT

Küche, Ess- und Wohnbereich bilden einen loftartigen Großraum im Erdgeschoss. Lediglich die Kerne im Westen und Osten untergliedern den Raum und schaffen Nischen für die Anordnung der offenen Küche auf der Eingangsseite und der Treppe an der gegenüberliegenden Außenwand. Der Wohnbereich ist gegenüber dem Entree um zwei Stufen abgesenkt und liegt niveaugleich mit den Terrassen im Norden und Süden, die die Wohnfläche großzügig ins Freie verlängern. Die Südterrasse bietet zunächst einen sonnigen Sitzplatz, hat aber auch die Aufgabe, das Gebäude gestalterisch im Hang zu verankern. »Uns war es sehr wichtig, dass alles Gebaute sich klar von der Umgebung abhebt«, erläutern die Architekten einen Entwurfsgedanken. Der Kern vor der Treppe nimmt einen Warmluftkamin mit Holzlager auf. Vom Wohnraum führt die Treppe ins Untergeschoss zu einem großen Spielbereich für die Kinder mit Nordbelichtung. Daran schließen sich Keller und Technikräume an. Im Obergeschoss dient der erweiterte Korridor als Arbeitsraum. Eine große Schrank-

»Besonders gelungen finden wir die Raumaufteilung.«

MASSIMO UND KARIN OGGIANO-TANNER

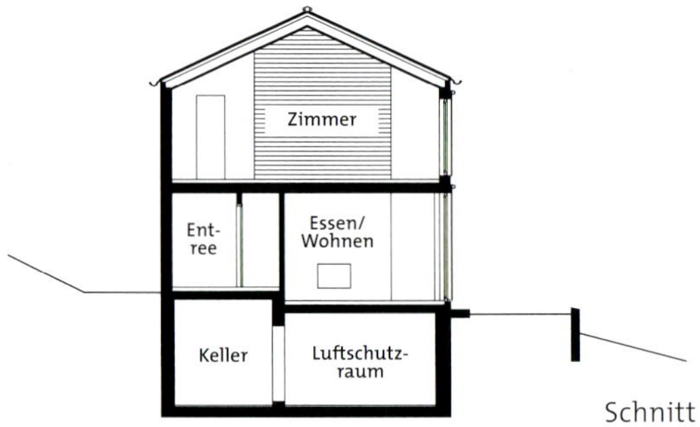

Schnitt

1:250

IM PROFIL

- **STANDORT:**
  CH-7304 Maienfeld
- **BAUHERRIN:**
  Massimo und Karin Oggiano-Tanner
- **GRUNDSTÜCKSGRÖSSE:** 620 m^2
- **GRUNDFLÄCHE:** 91 m^2
- **WOHNFLÄCHE:** 207 m^2
- **ZUSÄTZLICHE NUTZFLÄCHE:** 35 m^2
- **ANZAHL DER BEWOHNER:** 3
- **BAUWEISE:**
  Massivbau
- **BAUJAHR:** 2003
- **BAUKOSTEN:**
  keine Angaben

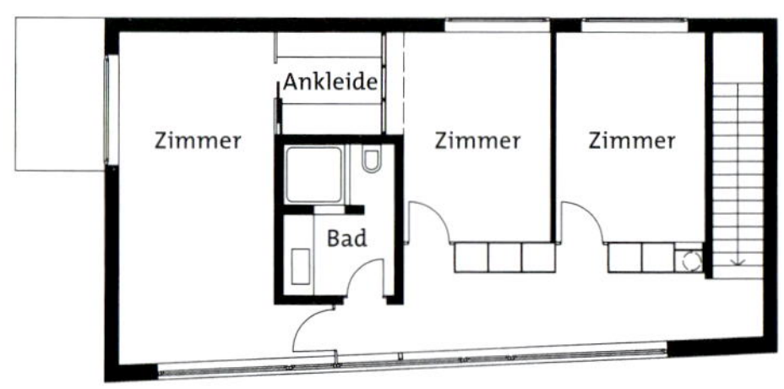

Obergeschoss

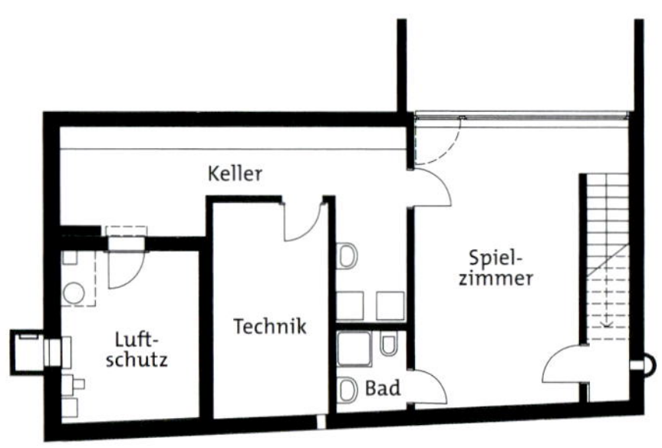

Untergeschoss

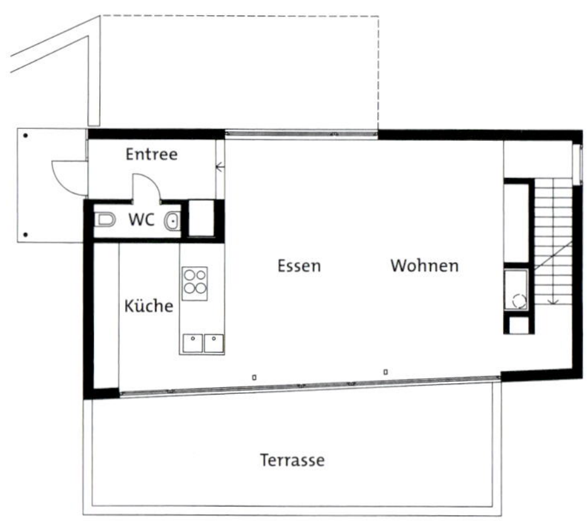

Erdgeschoss

wand trennt die beiden Kinderzimmer vom Flur. Von den Außenwänden losgelöst steht das Bad als Sichtbetonkern frei im Raum und teilt das Elternzimmer mit Ankleide ab. Auch das Obergeschoss hat Loftcharakter, zumal der Kern ebenso der Aussteifung des Gebäudes dient.

SPIEL MIT FARBKONTRASTEN

Konstruktiv ist das Haus ein Mischbau aus Stahlbeton und Backstein. Der Dachstuhl besteht aus vorgefertigten Holzelementen. Die Gebäudehülle umfasst eine Außendämmung mit Putzfassade, Metallholzfenstern und eine Blechdeckung des Daches. Im Inneren sind Wände und Decken, ja sogar die Böden weiß gehalten. Als Gegensatz zu diesen weißen Flächen sind die Bäder farbig gestaltet. »Die dunkelgraue Farbe des Außenputzes soll mit den verschiedenen Lichtverhältnissen und dem Grün der Landschaft in einem diffusen Farbenspiel in Kontrast treten«, erklären die Architekten. Eine lange Planungszeit war für die Bauherren wichtig, um sich mit dem Architekten und seinen Ideen auseinander setzen zu können und eigene Vorstellungen zu hinterfragen. »Dieser Prozess hat uns sehr weit gebracht«, meinen sie.

Oben links: Lichtdurchflutet und in makellosem Weiß erstrahlt das Innere und lenkt die Aufmerksamkeit nach außen. Die notwendigen Funktionen wie Küche, Nasszellen und Heizung sind sorgfältig in die frei im Raum stehenden Kerne integriert.

Oben Mitte: Trotz den eher kompakten Abmessungen des Hauses wirken die Innenräume luftig und geräumig – eine Eigenschaft der Farbe Weiß, die Distanzen und Raumkonturen aufzulösen scheint.

Oben rechts: Im Obergeschoss reichen die Innenräume bis unter den First und vermitteln den Eindruck eines zusammenhängenden Großraums.

Auf Stelzen am Steilhang

HAUS WOLKEN IN KÜBLIS, GRAUBÜNDEN
ARCHITEAM 4, BASEL

Links: *Hoch über dem Ortskern am Steilhang gelegen wird das Haus über eine Brücke im Obergeschoss erschlossen.*

Unten: *Stahlstelzen unterfangen das Haus, sodass es ohne Grundberührung über dem Gelände schwebt.*

Der Wohn- und Essraum mit vorgelagerter Aussichtsterrasse bildet die oberste Ebene des Hauses. Die Treppe führt zu den Privaträumen in den beiden Untergeschossen.

An einem Südhang oberhalb des Bahnhofs von Küblis krallt sich dieses Haus in das steile Grasland. Das Grundstück ist so abschüssig, dass man den Bagger zum Ausheben der Fundamente anseilen musste. »Wie kann man hier überhaupt bauen?«, fragten sich die Einheimischen, denen die drei Kisten auf Stelzen unheimlich vorkamen. »Wolkenkratzer« nennt der Volksmund dieses Haus, nicht nur weil die Familie Wolken hier wohnt, sondern auch weil sich das Haus mit scharfkantigem Profil und Flachdach aus dem bunten Flickenteppich von Häusern im Walser-Tiroler-Stil mit Erkern und geschnitzten Balkonen deutlich abhebt.

FREMD UND DOCH EINHEIMISCH

Der Architekt ist am Ort aufgewachsen und auch die Holzbaufirma ist hier zu Hause. Zusammen haben sie das Holzbausystem »Living Box« entwickelt. Über das Konzept des Hauses sagt der Architekt, es sei »ein gelandetes UFO Außerirdischer, die keine Angst vor dem rechten Winkel haben«. Das Bauherrenpaar – eine Australierin und ein Amerikaner, Krankenschwester und Zimmermeister mit drei Kindern in Ausbildung – hat sich nach langen Wanderjahren mit Aufenthalten in allen Kontinenten schließlich im schweizerischen Graubünden, im Prättigau sesshaft gemacht. Der Wunsch nach einem eigenen Haus, die Offenheit gegenüber Neuem, Verständnis für Nachhaltigkeit und das Ziel, die Sonnenenergie zu nutzen, sowie das Know-how des Bauherrn, der das Bausystem »Living Box« mitentwickelt hat, sind die Voraussetzungen für dieses außergewöhnliche Haus. Früher hätte man auf einem derartigen Grundstück nie bauen können. Allenfalls eine Pargune, der Heustall eines Prättigauer Bauernhauses, kann als Vorläufer dieser Hangbautechnik bezeichnet werden. In der Gemeindeversammlung wurde die erforderliche Quartierplanänderung angenommen, Sonderbauvorschriften wurden akzeptiert.

LIVING BOX ALS MOTTO

Das Prinzip ist denkbar einfach: Holzstützen an jeder Ecke, Boden, Dach und aussteifende Verbände bilden einen stabilen Kubus, der beliebig addiert und gestapelt werden kann. Alle Teile werden in der Werkstatt vorgefertigt und am Bauplatz innerhalb kürzester Zeit montiert. Als echtes Baukastensystem mit Einzelelementen für das Tragwerk, die Hülle und den Ausbau lässt es sich beliebig kombinieren. Es ist ein Spiel der Kuben, das unterschiedliche Gestaltungen und eine Anpassung an die jeweilige Situation zulässt. Die Wände hängen wie hölzerne Vorhänge vor den einzelnen Kuben und bilden damit eine durchgängige, wärmegedämmte Hülle. Le Corbusier forderte bereits in den 1920er Jahren in seinen berühmten fünf Punkten für eine neue Architektur, die Licht, Luft und Sonne in die Grundrisse bringen sollte, sinngemäß: »Ein Haus steht auf Stützen über dem Terrain, es hat eine Dachterrasse, seine Wand trägt nicht mehr – der Grundriss ist frei.« Dieses Postulat haben die Architekten erfüllt und mit der zeitgemäßen Philosophie von einem schonenden Um-

»Wir benutzen unsere Terrasse eigentlich zu wenig, weil man sogar im Haus drinnen das Gefühl hat, draußen zu sein.«

GEORGE UND MEREDITH WOLKEN-WILLIAMS

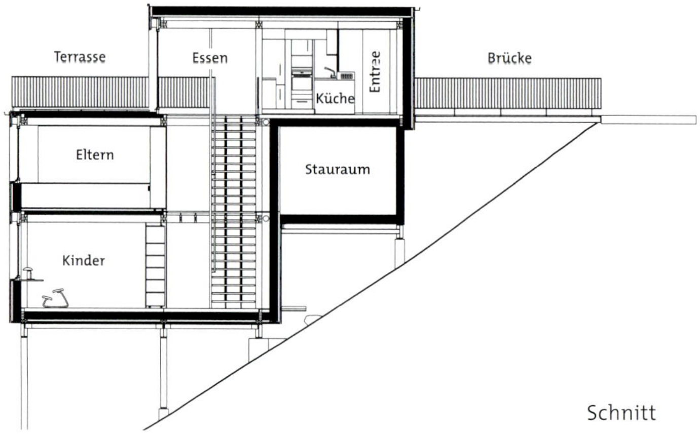

Schnitt

IM PROFIL

- **STANDORT:** CH-7240 Küblis, Graubünden
- **BAUHERREN:** George Wolken und Meredith Wolken-Williams
- **GRUNDSTÜCKSGRÖSSE:** 852 m^2
- **GRUNDFLÄCHE:** 105 m^2
- **WOHNFLÄCHE:** 160 m^2
- **ZUSÄTZLICHE NUTZFLÄCHE:** 29 m^2, Terrasse 42 m^2
- **ANZAHL DER BEWOHNER:** 4
- **BAUWEISE:** Holzskelettbau
- **BAUJAHR:** 2003
- **BAUKOSTEN PRO m^2 WOHN- UND NUTZFLÄCHE:** 2.200 Euro
- **BAUKOSTEN GESAMT:** 440.000 Euro (incl. Außenanlagen und Nebenkosten)

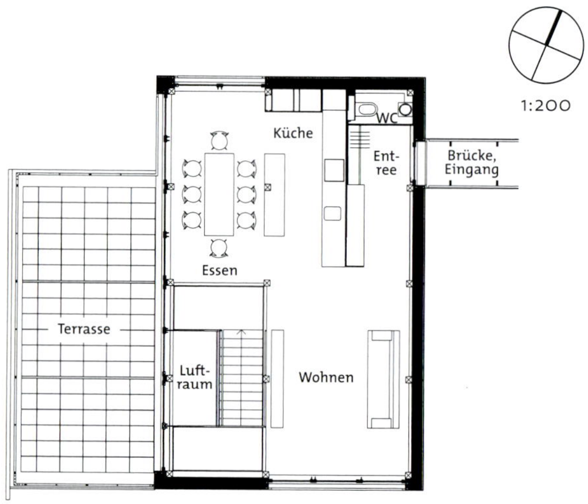

Erdgeschoss

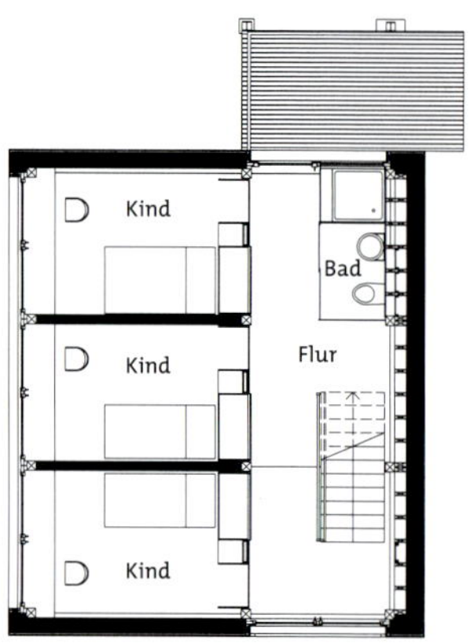

2. Untergeschoss

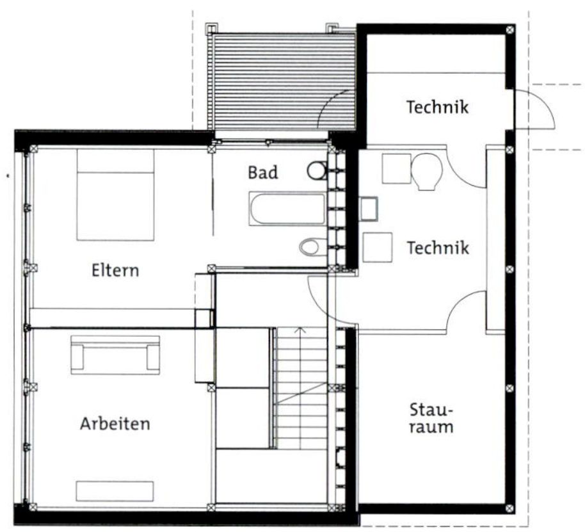

1. Untergeschoss

Links außen: Eine Schiebetür trennt Elternbad und Schlafraum.

Links: Die steile, aber filigrane Holztreppe mit aufgesattelten Stufen verbindet die Ebenen und lässt Blickbeziehungen zu. Praktisch und schön sind die dem Treppenhaus zugewandten Regale.

gang mit den natürlichen Ressourcen kombiniert. Der Skelettbau besitzt eine Mittelzone mit Treppenhaus und Nasszellen, an die sich auf Nord- und Hangseite ein Kubus mit Nebenräumen anschließt, während auf der Südseite die Wohn- und Schlafräume der Familie angeordnet sind. Die Raumaufteilung in den beiden Untergeschossen ist flexibel. Nicht tragende Zwischenwände können entfernt werden, sodass das Haus mit seinem Grundriss an zukünftige Entwicklungen der Bewohner angepasst werden kann.

RUNDUM ZUFRIEDEN

Man betritt das Haus im obersten Geschoss über eine Brücke von der Hangseite her und befindet sich in einem durchgehenden Koch-, Ess- und Wohnbereich, dem eine riesige Südterrasse vorgelagert ist. »Seitdem wir eingezogen sind, bewundern wir dank der offenen Bauweise immer wieder die Schönheit unserer Umgebung. Man kann relaxt auf dem Balkon oder im Wohnzimmer sitzen und den Blick von der Silvrettagruppe bis nach Furna über die ganze Talseite schweifen lassen«, sagen die Bauherren und genießen offensichtlich das einmalige Alpenpanorama. Den beiden, noch bei den Eltern lebenden Kindern gefällt es auch: Sie bewohnen ein eigenes, das unterste Geschoss der Living Box. »Seit unserem Einzug ist die allgemeine Zufriedenheit spürbar gestiegen, die Jungs, zum Beispiel, streiten merklich weniger«, meinen die Eltern. Die Architektur hat hier also durchaus auch einen pädagogischen Effekt.

DAS HAUS ALS ORGANISMUS

Im Eingangsgeschoss, das sich als offener, lichtdurchfluteter Raum präsentiert, lässt sich das Bausystem mit den Vollholzstützen aus Fichte, die die Deckenelemente tragen, sehr gut ablesen. Die Decken sind als Verbundkonstruktion aus Balkendecke und Betonplatte ausgebildet. Die hoch wärmegedämmte Gebäudehülle erfüllt bei Weitem die in der Schweiz gültigen »Minergiegrenzwerte«. Trotz eingeschränkter Sonneneinstrahlung im Dezember und Januar verbraucht das Haus viermal weniger Heizenergie als ein Minergiehaus und achtmal weniger als ein konventionelles Haus. Eine Kleinstwärmepumpe, deren Wärmequelle die Hausabluft ist, dient der Warmwasserbereitung. Dabei wird die Speicherfähigkeit der Decken und Böden genutzt. Wie in einem Organismus wirken die Speichermasse in den Holzverbunddeckenelementen, ein zusätzliches Erdregister mit der Wärmerückgewinnungslüftung und eine Wärmepumpe zusammen. Die hochwertige Dämmung der geschlossenen Fassadenelemente, Fensterrahmen als Kork-Fichten-Sandwich und Sonnenschutzgläser mit einer Beschattungsanlage ermöglichen es dem Haus, auf unterschiedliche Witterungsbedingungen zu reagieren.

»Seit unserem Einzug ist die allgemeine Zufriedenheit spürbar gestiegen, die Jungs, zum Beispiel, streiten merklich weniger.«

GEORGE UND MEREDITH WOLKEN-WILLIAMS

Architektenverzeichnis und Bildnachweis

Robert Albertin und Alexander Zoanni
Dipl.-Architekten FH / SIA / SWB
Sägenstraße 68
CH-7000 Chur
www.albertin-zoanni.ch
Seite 148–151
Fotos: Reto Führer, Felsberg

a.ml und partner
architekturwerkstatt matthias loebermann
prof. dipl.-ing. architekt BDA
Praterstraße 30
90429 Nürnberg
www.aml-partner.de
Freiraumplanung:
Dipl.-Ing. Landschaftsarchitekt
Wolfram Hirt, Nürnberg
Seite 62–67
Fotos: Mila Hacke, Berlin

ARCHITEAM 4
Freie Straße 3
CH-4001 Basel
www.architeam4.ch / www.livingbox.ch
Seite 14 Mitte, 16 re., 152–155
Fotos: Tom Kawara, Zürich

arminschmitz architekt
Im Seifelsgraben 4
53474 Bad Neuenahr-Ahrweiler
www.arminschmitz.de
Seite 50–53
Fotos: Armin Schmitz, Bad Neuenahr-Ahrweiler

bgf+ architekten
bickert.bordt.götz.federle
Kaiser-Friedrich-Ring 77
65185 Wiesbaden
www.bgf-plus.de
Seite 14 re., 54–57
Fotos Seite 54 : Dorothee Gödert, Offenbach
Fotos Seite 14 re., 55, 57: Michael Pohl, Bodenheim

b k a
bucher kafka architektur
Am Mückenschlößchen 13
04105 Leipzig
Seite 16 Mitte, 30–35, 40–43
Fotos Seite 30–35: Bertram Kober, Leipzig
Fotos Seite 16 Mitte, 40–43: bucher kafka architektur, Leipzig

fabi architekten bda
Glockengasse 10
93047 Regensburg
www.fabi-architekten.de
Seite 68–71
Fotos: Herbert Stolz, Regensburg

Hans Finsterer jr.
Dipl.-Ing. FH Architekt
Bahnhofstraße 2
85290 Geisenfeld
www.finsterer-architekt.de
Seite 76–79 und Seite 96–99
Fotos: Christine Olma, Ingolstadt

Fügenschuh Hrdlovics Architekten
Schöngasse 9
A-6170 Zirl
www.fuegenschuhhrdlovics.com
Seite 136–139
Fotos: Günter R. Wett, Innsbruck

Architekturbüro Fuchs, Wacker
Rosenbergstraße 113
70193 Stuttgart
www.fuchswacker.de
Seite 9, 88–91
Fotos: Rolf Schwarz, Ludwigsburg

Gassner & Zarecky
Architekten und Ingenieure
Partnerschaft BDA
Maiglöckchenweg 16
85521 Riemerling
www.gassner-zarecky.de
Seite 11, 19 li., 104–107
Fotos Seite 11, 19 li., 104, 105: Christoph Stieger, München
Fotos Seite 107: Norbert Zarecky, Neubiberg

Dipl.-Ing. Ingo Hanel
Architekten – Innenarchitekten – Ingenieure – Gutachter
Friedrich-Engels-Allee 123
42285 Wuppertal
hanel@wtal.de
Seite 19 re., 36–39
Fotos: Tania Walck, Wuppertal

Nicole Hemminger
Dipl.-Ing. Architektin
Bahnhofstraße 11
75172 Pforzheim
nicole.hemminger@freenet.de
Seite 72–75
Fotos: Nicole Hemminger, Pforzheim

HERTL.ARCHITEKTEN ZT KEG
Zwischenbrücken 4
A-4400 Steyr
www.hertl-architekten.com
Seite 124–127
Fotos: Paul Ott, Graz

k_m architektur
Arch. DI Daniel Sauter
Büro Bregenz:
Glockengieße 2
A-6900 Bregenz
Büro Lindau:
Hochbucher Weg 58
D- 88131 Lindau
www.k-m-architektur.com
Seite 132–135
Fotos: Tretter Lindau/k_m architektur

Edgar Kallinowski – Architekt
Universitätsstraße 83
58455 Witten
kallinowski@cityweb.de
Seite 16 li., 24–29
Fotos: Stefan Schilling, Köln

Architekten Kollektiv AG
Kisdaroczi Jedele Schmid Wehrli
Obergasse 15
CH-8400 Winterthur
info@architektenkollektiv.ch
Seite 144–147
Fotos: Thomas Aus der Au, Winterthur

Krieger Architekten BDA
Regierungsbaumeister
Osterkamerweg 4a
83122 Samerberg
krieger-architekten@web.de
Seite 13, 15 re., 114–119
Fotos: Thilo Härdtlein, München

Architekt Antonius Lanzinger
Maria-Theresien-Straße 9
A-6020 Innsbruck
www.arching.at/lanzinger
Seite 128–131
Fotos: Günter R. Wett, Innsbruck

03 München
Büro für Städtebau und Architektur
Garkisch, Schmid, Wimmer GbR
Hermann-Lingg-Straße 10
80336 München
www.03muenchen.de
Freiraumplanung:
Dipl.-Ing. Landschaftsarchitekt
Stefan Schweiger, Baar-Ebenhausen
Seite 7, 92–95
Fotos: Simone Rosenberg, München

m.omasreiter
Architekt
Kazmairstraße 46
80339 München
www.omasreiter.com
Seite 6, 84–87
Fotos: Fotoatelier Kroupa, Dießen
Foto Seite 87 Mitte: Markus Omasreiter, München

Joachim Orth
Dipl.-Ing.(FH)
Jesinger Hauptstraße 108/3
72070 Tübingen
Seite 20, 100–103
Fotos: Bernhard Müller, Reutlingen

Plake Schmale Architekten
Cyriakusplatz 1
41468 Neuss
www.plake-schmale-architekten.de
Gartenplanung:
Mirjam Muhr,
St.-Antonius-Straße 1 a
41470 Neuss (Rosellen)
Seite 15 Mitte, 18 re., 44–49
Fotos: Frank Böttner, Düsseldorf

Beat Rothen
Dipl.-Architekt ETH SIA BSA
Lagerplatz 13
CH-8400 Winterthur
info@rothen-architekt.ch
Seite 18 li., 140–143
Fotos: Gaston Wicky, Zürich

Siegenführ Gassner Architekten
Inneres Flassental 14
78244 Gottmadingen
siegenfuehr.gassner@web.de
Seite 14 li., 15 li., 17 li., 120–123
Fotos Seite 14 li., 15 li., 120, 121 li.:
Otlinghaus Fotodesign, Ludwigshafen
Foto Seite 123: Dorothee Gadert, Singen
Fotos Seite 17 li., 121 re.:
Siegenführ Gassner, Gottmadingen

Stadtmüller.Burkhardt.Architekten
Prinzregentenstraße 7
87600 Kaufbeuren
Seite 21, 108–113
Fotos: Rainer Retzlaff, Kempten

Dipl.-Ing. Ulrike und Dipl.-Ing. Matthias Stolz
Böhmerwaldstraße 22
71263 Weil der Stadt
Seite 80–83
Fotos: Joachim Kehrer, Stuttgart

Joachim Wendt
Dipl.-Ing. Architekt
Darmstraße 47
64287 Darmstadt
ris.wendt@t-online.de
Seite 12, 58–61
Fotos: Jörg Hempel, Aachen

Umschlaggestaltung
Umschlaggabbildungen: Vorderseite: S. 111 (oben links), S. 54 (oben rechts), S. 100 (unten links), S. 27 (unten rechts); Rückseite: S. 25 (oben), S. 40 (unten); Buchrücken: S. 54

Weitere Informationen und Herstellerverzeichnis

WEITERE INFORMATIONEN

Internet-Informationsdienste

- www.architektensuche.de
- www.architektenkammer.de
- www.bauen.de (Ratgeberzentrum für Baufamilien)
- www.BauNetz.de/bauherr
- www.buw.at (Bauen & Wohnen Plattform)
- www.baulinks.de (das unabhängige Bauportal)
- www.kompetenzzentrum-iemb.de
- www.heimwerker-webverzeichnis.de
- www.umweltlexikon-online.de (Rubrik Bauen & Wohnen)
- www.informationsdienst-holz.de (Informationsdienst Holz)
- www.infoholz.de

Informationen zu Förderprogrammen

- www.kfw-foerderbank.de (Informationen zu allen Programmen der Kreditanstalt für Wiederaufbau auch unter der Hotline 01801-335577 bundesweit zum Ortstarif)
- www.baufoerderer.de
- www.energiefoerderung.info
- www.bafa.de (Marktanreizprogramm Erneuerbare Energien)
- www.fnr-server.de (Das Dämmstoffprogramm)
- www.vzbv.de (Verbraucherzentrale Bundesverband)

HERSTELLERVERZEICHNIS

Armaturen und Bad

- burgbad AG
  www.burgbad.de
- Grohe Deutschland GmbH
  www.grohe.de
- HANSA Metallwerke AG
  www.hansa.de
- Kludi GmbH & Co. KG
  www.kludi.de

Baustoffe und Werkzeuge

- Robert Bosch GmbH
  www.bosch-pt.de
- Brillux GmbH & Co. KG
  www.brillux.de
- Bundesverband der Gipsindustrie e.V.
  www.gips.de
- Metabowerke GmbH & Co.
  www.metabo.de
- WERZALIT AG + Co. KG
  www.werzalit.de
- Xella Deutschland GmbH
  Xella Trockenbau-Systeme GmbH
  www.xella.de

Wandbaustoffe

- Deutsche POROTON GmbH
  www.poroton.org
- Kalksandstein-Info GmbH
  www.kalksandstein.de
- Liapor GmbH & Co. KG
  www.liapor.com
- Wienerberger Ziegelindustrie GmbH
  www.wienerberger.de

Dachbaustoffe

- Arge Ziegeldach e.V.
  www.ziegeldach.de
- Jacobi Tonwerke GmbH
  www.jacobi-tonwerke.de
- Koramic Dachprodukte GmbH & Co. KG
  www.koramic.de
- Lafarge Dachsysteme GmbH
  www.braas.de
- RHEINZINK GmbH & Co. KG
  www.rheinzink.de

Dachfenster

- Roto Bauelemente Vertriebs-GmbH
  www.roto-bauelemente.de

Holzbausysteme

- Finnforest Merk GmbH
  www.merk.de, www.finnforest.de
- Glunz AG
  www.glunz.de, www.agepan.de
- LIGNOTREND Produktions GmbH
  www.lignotrend.com
- Rettenmeier Holzindustrie Hirschberg GmbH & Co. KG
  www.rettenmeier.com

Dämmstoffe
- Deutsche Rockwool Mineralwoll GmbH & Co.
  www.rockwool.de
- isofloc Wärmedämmtechnik GmbH
  www.isofloc.de
- Woolin
  www.woolin.at

Fassade und Sonnenschutz
- BUG-Alutechnik GmbH
  www.bug.de
- Eternit AG
  www.eternit.de
- Hüppe Form Sonnenschutzsysteme GmbH
  www.hueppeform.de
- Roma Rolladensysteme GmbH
  www.roma.de
- Schüco International KG
  www.schueco.de
- Velux Deutschland GmbH
  www.velux.de
- WAREMA Renkhoff GmbH
  www.warema.de

Heiztechnik
- ATTIKA FEUER AG Holz- und Gartenfeuerstellen
  www.attika.ch
- Buderus Deutschland-
  BBT Thermotechnik GmbH
  www.heiztechnik.buderus.de
- DEVI Deutschland GmbH
  www.de-vi.de
- IWO Institut für
  wirtschaftliche Oelheizung e.V.
  www.oelheizung.info
- Wieland-Werke AG
  www.wieland-cuprotherm.de
- Zehnder GmbH
  www.zehnder-online.de
  www.comfosystems.de

Haustechnik
- FAWAS Haustechnik GmbH
  www.fawas.de
- GIRA Giersiepen GmbH & Co. KG
  www.gira.de

Photovoltaik
- RHEINZINK GmbH & Co. KG
  www.rheinzink.de
- RWE SCHOTT Solar GmbH
  www.rweschottsolar.com
- Solarnova Produktions Vertriebs GmbH
  www.solarnova.de
- SOLARWATT Solar-Systeme GmbH
  www.solarwatt.de
- SolarWorld AG
  www.solarworld.de
- Würth Solergy
  www.we-online.de

Küchen und Ausbau
- BAWO Türen GmbH
  www.bawo-tueren.de
- Bulthaup Küchen
  www.bulthaup.de

IMPRESSUM

Streitfeldstraße 35, 81673 München
www.callwey.de
E-mail: buch@callwey.de

Die Deutsche Bibliothek verzeichnet diese Publikation in der Deutschen Nationalbibliografie; detaillierte bibliografische Daten sind im Internet über http://dnb.ddb.de abrufbar.

ISBN 3-7667-1648-4

Projektleitung: Dr. Stefan Granzow
Lektorat: Bettina Hintze

Schutzumschlaggestaltung: X-Design, München
Gestaltung: Grafikhaus, München
Litho: Erasmus Winter, Callwey Verlag München
Druck und Bindung:
Ludwig Auer GmbH, Donauwörth

Printed in Germany 2005